Friedrich Schiller

Man liebt nur, was einen in Freiheit setzt!

Friedrich Schiller

Man liebt nur, was einen in Freiheit setzt!

Herausgegeben von
Hans-Joachim Simm

marixverlag

Bibliografische Information der Deutschen Nationalbibliothek
Die Deutsche Nationalbibliothek verzeichnet diese Publikation in der
Deutschen Nationalbibliografie; detaillierte bibliografische Daten sind im
Internet über
http://dnb.d-nb.de abrufbar.

Für diese Ausgabe:

© by marixverlag GmbH, Wiesbaden 2013
Covergestaltung: Nicole Ehlers, marixverlag GmbH
Bildnachweis: Friedrich Schiller auf einem Esel sitzend
(Illustration nach einer Zeichnung von
Johann Christian Reinhart 1785/87)
Satz und Bearbeitung: Medienservice Feiß, Burgwitz
Gesetzt in der Minion Pro
Gesamtherstellung: CPI books GmbH, Ulm
Printed in Germany

ISBN: 978-3-86539-326-5

www.marixverlag.de

INHALT

EIN KLASSIKER FÜR
DIE GEGENWART

Friedrich Schiller ist keineswegs auf einzelne – oft aus den unterschiedlichsten Motiven popularisierte – Aspekte zu reduzieren, seine Persönlichkeit nicht und auch nicht sein Werk. Er war nicht ausschließlich der enthusiastische Stürmer und Dränger, noch war er nur der pathosschwere Dramatiker, auch nicht der abstrakt-philosophische Gedankenlyriker, der Verfasser von Balladen, die zur Parodie reizen, und schon gar nicht der Sentenzenschreiber oder Versveredler von Volksweisheiten. Die Vorurteile, ja der Spott schon der Romantiker haben den Blick auf Schiller und sein Werk verstellt, die Vereinnahmung zum ‚deutschen Nationaldichter‘ und Charakterisierungen wie „erhaben, edel, herzerhebend" haben „seine poetische Individualität, seine unbändige Imagination und seine überragende Intellektualität" (Norbert Oellers) verdeckt.

Der Vielschichtigkeit und Lebendigkeit seiner Ideen und seines Werkes will die vorliegende Sammlung Ausdruck geben, voran mit Gedichten aller Gattungen, von den Hymnen bis zu den Xenien. In der Gedichtauswahl wie in den Auszügen aus den Prosaschriften und den Dramen erscheint überraschenderweise ein sehr modernes Bild des Klassikers. In den Briefen, die hier versammelt sind, in den Briefen an Freunde, die ihn, wie Christian Gottfried Körner oder Johann Wolfgang Goethe, lange Zeit begleiteten, wird sein inneres Leben, seine Zerrissenheit sichtbar. Zu schaffen machten ihm seine schwierige Stellung in der höfischen Gesellschaft Weimars, die Abwehr von Intrigen, finanzielle Nöte, die drückende Sorge um die Familie, Existenzängste. Er hat – auch das wird in der Anthologie deutlich – sein Werk einem ständigen Kampf gegen sich selbst abgetrotzt, vor allem gegen seine Krankheit; oft hat er seine Arbeit geradezu als Sklaverei empfunden. Nur auf diesem Hintergrund sind Hochgestimmtheit und Witz, Begeisterung und Verzweiflung zu verstehen, die sein Werk durchziehen.

Neben den Alltagsproblemen des Dichters, die auch heute noch berühren und so gar nicht fremd sind, zeigt der Band die großen Themen des Menschseins, um deren Klärung Schiller gerungen hat, Fragen nach der Glückseligkeit, der Vollkommenheit und Würde, der Natur, der Schönheit, der Sittlichkeit und Tugend, der Hoffnungen, der Liebe und Freundschaft; Schiller gibt Einblicke in die Abgründe der menschlichen Seele und offenbart gleichermaßen seinen nie verlorenen Glauben an eine höhere Gerechtigkeit.

Seine ästhetischen Schriften sind vom Nachdenken über das Verhältnis von Sinnlichkeit, Schönheit und Freiheit geprägt. Im Zentrum seiner Dramen steht die Idee der Freiheit, sowohl der politischen und gesellschaftlichen als auch der persönlichen Freiheit, die ihm Voraussetzung für jene war. Der Freiheitsgedanke blieb von den „Räubern" über „Don Carlos" „bis in die letzte Lebenszeit, in der das Tell-Drama entstand, sein Leitmotiv.

Nicht erst aufgrund der Französischen Revolution allerdings verstand er Freiheit als eine keineswegs unproblematische Aufgabe der Menschheit … er demonstrierte die inhumanen Folgen eines bis zum Extrem getriebenen Freiheitskonzepts" (Jochen Schmidt). Toleranz und Freiheit des einzelnen enden dort, wo dem anderen sein Recht auf Selbstverwirklichung genommen wird. Auch das ein hochaktueller Gedanke. Als ‚Dialektiker der Freiheit', der die humanitären Chancen ebenso wie die Aporien erkannte, wurde Schiller bezeichnet.

Die Sammlung belegt sowohl die Zeitlosigkeit als auch die biographischen und geschichtlichen Hintergründe des Schillerschen Denkens und Schreibens. Kontexte bleiben erkennbar, und zugleich wird die Gegenwärtigkeit Schillers unmittelbar ersichtlich.

Der berufene Leser

Welchen Leser ich wünsche? Den unbefangensten, der mich,
Sich und die Welt vergißt und in dem Buche nur lebt.

Irrend suchte mein Blick umher

An die Parzen

Nicht ins Gewühl der rauschenden Redouten
  Wo Stutzerwitz sich wunderherrlich spreißt
Und leichter als das Netz der fliegenden Bajouten
  Die Tugend junger Schönen reißt; –

Nicht vor die schmeichlerische Toilette,
  Wovor die Eitelkeit, als ihrem Götzen, kniet,
Und oft in wärmere Gebete
  Als zu dem Himmel selbst entglüht;

Nicht hinter der Gardinen listgen Schleier,
  Wo heuchlerische Nacht das Aug der Welt betrügt
Und Herzen, kalt im Sonnenfeuer,
  In glühende Begierden wiegt,

Wo wir die Weisheit *schamrot* überraschen,
  Die kühnlich Phöbus' Strahlen trinkt,
Wo Männer gleich den Knaben diebisch naschen,
  Und Plato von den Sphären sinkt –

Zu dir – zu dir, du einsames Geschwister,
  Euch Töchtern des Geschickes, flieht
Bei meiner Laute leiserem Geflister
  Schwermütig süß mein Minnelied.

Ihr einzigen, für die noch kein Sonett gegirret,
    Um deren Geld kein Wucherer noch warb,
Kein Stutzer noch Klag-Arien geschwirret,
    Kein Schäfer noch arkadisch starb.

Die ihr den Nervenfaden unsers Lebens
    Durch weiche Finger sorgsam treibt,
Bis unterm Klang der Schere sich vergebens
    Die zarte Spinnewebe sträubt.

Daß du auch mir den Lebensfaden spinntest,
    Küß ich, o Klotho, deine Hand; –
Daß du noch nicht den jungen Faden trenntest,
    Nimm, Lachesis, dies Blumenband.

Oft hast du Dornen an den Faden,
    Noch öfter Rosen drangereiht,
Für Dorn' und Rosen an dem Faden
    Sei, Klotho, dir dies Lied geweiht.

Oft haben stürmende Affekte
    Den weichen Zwirn herumgezerrt,
Oft riesenmäßige Projekte
    Des Fadens freien Schwung gesperrt;

Oft in wollüstig süßer Stunde
    War mir der Faden fast zu fein,
Noch öfter an der Schwermut Schauerschlunde
    Mußt er zu fest gesponnen sein:

Dies, Klotho, und noch andre Lügen
    Bitt ich dir itzt mit Tränen ab,
Nun soll mir auch fortan genügen,
    Was mir die weise Klotho gab.

Nur laß an Rosen nie die Schere klirren,
   An Dornen nur – doch wie du willst.
Laß, wenn du willst, die Totenschere klirren,
   Wenn du dies *eine* nur erfüllst:

Wenn, Göttin, itzt an Laurens Mund beschworen
   Mein Geist aus seiner Hülse springt,
Verraten, ob des Totenreiches Toren
   Mein junges Leben schwindelnd hängt,

Laß ins Unendliche den Faden wallen,
   Er wallet durch ein Paradies,
Dann, Göttin, laß die böse Schere fallen!
   O laß sie fallen, Lachesis!
An den Frühling

Willkommen, schöner Jüngling!
   Du Wonne der Natur!
Mit deinem Blumenkörbchen
   Willkommen auf der Flur!

Ei! ei! da bist ja wieder!
   Und bist so lieb und schön!
Und freun wir uns so herzlich,
   Entgegen dir zu gehn.

Denkst auch noch an mein Mädchen?
   Ei, Lieber, denke doch!
Dort liebte mich das Mädchen,
   Und 's Mädchen liebt mich noch!

Fürs Mädchen manches Blümchen
   Erbettelt' ich von dir –

Ich komm und bettle wieder,
   Und du? – du gibst es mir?

Willkommen, schöner Jüngling!
   Du Wonne der Natur!
Mit deinem Blumenkörbchen
   Willkommen auf der Flur!

Die Blumen

Kinder der verjüngten Sonne,
   Blumen der geschmückten Flur,
Euch erzog zu Lust und Wonne,
   Ja, euch liebte die Natur.
Schön das Kleid mit Licht gesticket,
Schön hat Flora euch geschmücket
   Mit der Farben Götterpracht.
Holde Frühlingskinder, klaget!
Seele hat sie euch versaget,
   Und ihr selber wohnt in Nacht.

Nachtigall und Lerche singen
   Euch der Liebe selig Los,
Gaukelnde Sylphiden schwingen
   Buhlend sich auf eurem Schoß.
Wölbte eures Kelches Krone
Nicht die Tochter der Dione
   Schwellend zu der Liebe Pfühl?
Zarte Frühlingskinder, weinet!
Liebe hat sie euch verneinet,
   Euch das selige Gefühl.

Aber hat aus Nanny's Blicken
    Mich der Mutter Spruch verbannt,
Wenn euch meine Hände pflücken
    Ihr zum zarten Liebespfand,
Leben, Sprache, Seelen, Herzen,
Stumme Boten süßer Schmerzen,
    Goß euch dies Berühren ein,
Und der mächtigste der Götter
Schließt in eure stillen Blätter
    Seine hohe Gottheit ein.

Der Flüchtling

Frisch atmet des Morgens lebendiger Hauch;
Purpurisch zuckt durch düst'rer Tannen Ritzen
Das junge Licht und äugelt aus dem Strauch;
In gold'nen Flammenblitzen
Der Berge Wolkenspitzen.
Mit freudig melodisch gewirbeltem Lied
Begrüßen erwachende Lerchen die Sonne,
Die schon in lachender Wonne
Jugendlich schön in Auroras Umarmungen glüht.

Sei, Licht, mir gesegnet!
Dein Strahlengruß regnet
Erwärmend hernieder auf Anger und Au.
Wie flittern die Wiesen,
Wie silberfarb zittern
Tausend Sonnen im perlenden Tau!
In säuselnder Kühle
Beginnen die Spiele
Der jungen Natur.
Die Zephyre kosen

Und schmeicheln um Rosen,
Und Düfte beströmen die lachende Flur.

Wie hoch aus den Städten die Rauchwolken dampfen!
Laut wiehern und schnauben und knirschen und stampfen
Die Rosse, die Farren;
Die Wagen erknarren
Ins ächzende Tal.
Die Waldungen leben,
Und Adler und Falken und Habichte schweben
Und wiegen die Flügel im blendenden Strahl.
Den Frieden zu finden,
Wohin soll ich wenden
Am elenden Stab?
Die lachende Erde
Mit Jünglingsgebärde,
Für mich nur ein Grab!

Steig empor, o Morgenrot, und röte
Mit purpurnem Kusse Hain und Feld!
Säusle nieder, o Abendrot, und flöte
In sanften Schlummer die tote Welt!
Morgen, ach, du rötest
Eine Totenflur;
Ach! und du, o Abendrot! umflötest
Meinen langen Schlummer nur.

Die Größe der Welt

Die der schaffende Geist einst aus dem Chaos schlug,
Durch die schwebende Welt flieg ich des Windes Flug,
    Bis am Strande
    Ihrer Wogen ich lande,

Anker werf', wo kein Hauch mehr weht
Und der Markstein der Schöpfung steht.

Sterne sah ich bereits jugendlich auferstehn,
Tausendjährigen Gangs durchs Firmament zu gehn,
    Sah sie spielen
    Nach den lockenden Zielen,
Irrend suchte mein Blick umher,
Sah die Räume schon – sternenleer.

Anzufeuern den Flug weiter zum Reich des Nichts,
Steur ich mutiger fort, nehme den Flug des Lichts,
    Neblicht trüber
    Himmel an mir vorüber,
Weltsysteme, Fluten im Bach
Strudeln dem Sonnenwandrer nach.

Sieh, den einsamen Pfad wandelt ein Pilger mir
Rasch entgegen – „Halt an! Waller, was suchst du hier?"
    „Zum Gestade
    Seiner Welt meine Pfade!
Segle hin, wo kein Hauch mehr weht
Und der Markstein der Schöpfung steht!"

„Steh! du segelst umsonst – vor dir Unendlichkeit!"
„Steh! du segelst umsonst – Pilger, auch hinter mir! –
    Senke nieder,
    Adlergedank dein Gefieder!
Kühne Seglerin, Phantasie,
Wirf ein mutloses Anker hie."

Das Glück und die Weisheit

Entzweit mit einem Favoriten,
   Flog einst Fortun' der Weisheit zu.
„Ich will dir meine Schätze bieten,
   Sei meine Freundin du!

Mein Füllhorn goß ich dem Verschwender
   In seinen Schoß, so mütterlich!
Und sieh! Er fodert drum nicht minder
   Und nennt noch geizig mich.

Komm, Schwester, laß uns Freundschaft schließen,
   Du keuchst so schwer an deinem Pflug.
In deinen Schoß will ich sie gießen,
   Auf, folge mir! – Du hast genug."

Die Weisheit läßt die Schaufel sinken
   Und wischt den Schweiß vom Angesicht.
„Dort eilt dein Freund – sich zu erhenken,
   Versöhnet euch – ich brauch dich nicht."

Zuversicht der Unsterblichkeit

Zum neuen Leben ist der Tote hier erstanden,
   Das weiß und glaub ich festiglich.
Mich lehrens schon die *Weisen ahnden,*
   Und *Schurken überzeugen* mich.

VORÜBER DIE STÖHNENDE KLAGE

Der Triumph der Liebe

Eine Hymne

Selig durch die Liebe
Götter – durch die Liebe
  Menschen Göttern gleich!
Liebe macht den Himmel
Himmlischer – die Erde
  Zu dem Himmelreich.

Einstens hinter Pyrrhas Rücken,
  Stimmen Dichter ein,
Sprang die Welt aus Felsenstücken,
  Menschen aus dem Stein.

Stein und Felsen ihre Herzen,
  Ihre Seelen Nacht,
Von des Himmels Flammenkerzen
  Nie in Glut gefacht.

Noch mit sanften Rosenketten
Banden junge Amoretten
  Ihre Seelen nie –
Noch mit Liedern ihren Busen
Huben nicht die weichen Musen,
  Nie mit Saitenharmonie.

Ach! noch wanden keine Kränze
   Liebende sich um!
Traurig flüchteten die Lenze
   Nach Elysium.

Ungegrüßet stieg Aurora
   Aus dem Schoß Oceanus',
Ungeküsset sank die Sonne
   In die Arme Hesperus'.

Wild umirrten sie die Haine,
Unter Lunas Nebelscheine,
   Trugen eisern Joch.
Sehnend an der Sternenbühne
Suchte die geheime Träne
   Keine Götter noch.
   —

Und sieh! der blauen Flut entquillt
Die Himmelstochter sanft und mild,
   Getragen von Najaden
   Zu trunkenen Gestaden.

Ein jugendlicher Maienschwung
Durchwebt wie Morgendämmerung
   Auf das allmächtge *Werde*
   Luft, Himmel, Meer und Erde.

Schon schmilzt der wütende Orkan
(Einst züchtigt' er den Ozean
   Mit rasselndem Gegeißel)
   In lispelndes Gesäusel.

Des holden Tages Auge lacht
In düstrer Wälder Winternacht,

Balsamische Narzissen
Blühn unter ihren Füßen.

Schon flötete die Nachtigall
   Den ersten Sang der Liebe,
Schon murmelte der Quellen Fall
   In weiche Busen Liebe.

   Glückseliger Pygmalion!
   Es schmilzt! es glüht dein Marmor schon!
Gott Amor Überwinder!
   Glückseliger Deukalion,
   Wie hüpfen deine Felsen schon!
   Und äugeln schon gelinder!
   Glückseliger Deukalion,
Umarme deine Kinder!
   —

Selig durch die Liebe
Götter – durch die Liebe
   Menschen Göttern gleich.
Liebe macht den Himmel
Himmlischer – die Erde
   Zu dem Himmelreich.
   —

Unter goldnem Nektarschaum
Ein wollüstger Morgentraum,
   Ewig Lustgelage,
   Fliehn der Götter Tage.

   Prächtig spricht Kronions Donnerhorn,
Der Olympus schwankt erschrocken,
Wallen zürnend seine Locken –
   Sphärenwirbeln gibt sein Atem Sporn,
Göttern läßt er seine Throne,

Niedert sich zum Erdensohne,
  Seufzt arkadisch durch den Hain,
Zahme Donner untern Füßen,
Schläft, gewiegt von Ledas Küssen,
  Schläft der Riesentöter ein.

Majestätsche Sonnenrosse
  Durch des Lichtes weiten Raum
  Leitet Phöbus' goldner Zaum,
Völker stürzt sein rasselndes Geschosse;
  Seine weißen Sonnenrosse,
  Seine rasselnden Geschosse
Unter Lieb und Harmonie
Ha! wie gern vergaß er sie!

Zitternd vor der Götterfürstin
Krümmen sich die Götter, dürsten
  Nach der Gnade goldnem Tau.
Sonnenglanz ist ihre Schminke,
Myriaden jagen ihrem Winke,
  Stolz vor ihrem Wagen prahlt der Pfau.

Schöne Fürstin! ach die Liebe
Zittert mit dem süßen Triebe,
  Deiner Majestät zu nahn.
Seht ihr Kronos' Tochter weinen?
Geister kann ihr Wink verneinen,
  Herzen weißt sie nicht zu fahn.
  —
Selig durch die Liebe
Götter – durch die Liebe
  Menschen Göttern gleich.
Liebe macht den Himmel

Himmlischer – die Erde
  Zu dem Himmelreich.

        —

Liebe sonnt das Reich der Nacht,
Amors süßer Zaubermacht
Ist der Orkus untertänig:
Freundlich schmollt der schwarze König,
Wenn ihm Ceres' Tochter lacht;
Liebe sonnt das Reich der Nacht.

Himmlich in die Hölle klangen
Und den wilden Beller zwangen
  Deine Lieder, Thrazier –
Minos, Tränen im Gesichte,
Mildete die Qualgerichte,

Zärtlich um Megärens Wangen
Küßten sich die wilden Schlangen,
  Keine Geißel klatschte mehr;

Aufgejagt von Orpheus' Leier
Flog von Tityon der Geier;
Leiser hin am Ufer rauschten
Lethe und Cocytus, lauschten
  Deinen Liedern, Thrazier,
  Liebe sangst du, Thrazier.

        —

Selig durch die Liebe
Götter – durch die Liebe
  Menschen Göttern gleich.
Liebe macht den Himmel
Himmlischer – die Erde
  Zu dem Himmelreich.

        —

27

Durch die ewige Natur
Düftet ihre Blumenspur,
Weht ihr goldner Flügel.
Winkte mir vom Mondenlicht
Aphroditens Auge nicht,
Nicht vom Sonnenhügel?
Lächelte vom Sternenmeer
Nicht die Göttin zu mir her,
Wehte nicht ihr Flügel
In des Frühlings Balsamhauch,
Liebe nicht im Rosenstrauch,
Nicht im Kuß der Weste –
Stern und Sonn und Mondenlicht,
Frühling, Rosen, Weste nicht
Lüden mich zum Feste.
Liebe, Liebe lächelt nur
Aus dem Auge der Natur
Wie aus ihrem Spiegel!

Liebe rauscht der Silberbach,
Liebe lehrt ihn sanfter wallen;
Seele haucht sie in das Ach
Klagenreicher Nachtigallen,
Unnachahmliches Gefühl
In der Saiten Wonnespiel,
Wenn sie *Laura!* hallen.
Liebe, Liebe lispelt nur
Auf der Laute der Natur.

Weisheit mit dem Sonnenblick,
Große Göttin, tritt zurück,
Weiche vor der Liebe.
Nie Erobrern, Fürsten nie

Beugtest du ein Sklavenknie,
Beug es itzt der Liebe.

Wer die steile Sternenbahn
Ging dir heldenkühn voran
  Zu der Gottheit Sitze?
Wer zerriß das Heiligtum,
Zeigte dir Elysium
  Durch des Grabes Ritze?
Lockte *sie* uns nicht hinein,
Möchten wir *unsterblich* sein?
Suchten auch die Geister
Ohne sie den Meister?
  Liebe, Liebe leitet nur
  Zu dem Vater der Natur,
    Liebe nur die Geister.

Selig durch die Liebe
Götter – durch die Liebe
  Menschen Göttern gleich.
  Liebe macht den Himmel
  Himmlischer – die Erde
    Zu dem Himmelreich.

Elysium

Eine Kantate

CHOR
Vorüber die stöhnende Klage!
Elysiums Freudengelage
  Ersäufen jegliches Ach –
Elysiums Leben

Ewige Wonne, ewiges Schweben,
Durch lachende Fluren ein flötender Bach.

ERSTE STIMME
Jugendlich milde
Beschwebt die Gefilde
Ewiger Mai,
Die Stunden entfliehen in goldenen Träumen,
Die Seele schwillt aus in unendlichen Räumen,
Wahrheit reißt hier den Schleier entzwei.

ZWEITE STIMME
Unendliche Freude
Durchwallet das Herz.
Hier mangelt der Name dem trauernden Leide,
Sanfter Entzücken nur heißet hier Schmerz.

DRITTE STIMME
Hier strecket der wallende Pilger die matten
Brennenden Glieder im säuselnden Schatten,
Leget die Bürde auf ewig dahin –
Seine Sichel entfällt hier dem Schnitter,
Eingesungen von Harfengezitter,
Träumt er, geschnittene Halmen zu sehn.

VIERTE STIMME
Dessen Fahne Donnerstürme wallte,
Dessen Ohren Mordgebrüll umhallte,
Berge bebten unter dessen Donnergang,
Schläft hier linde bei des Baches Rieseln,
Der wie Silber spielet über Kieseln,
Ihm verhallet wilder Speere Klang.

FÜNFTE STIMME
Hier umarmen sich getreue Gatten,
Küssen sich auf grünen samtnen Matten,
  Liebgekost vom Balsamwest,
Ihre Krone findet hier die Liebe,
Sicher vor des Todes strengem Hiebe,
  Feiert sie ein ewig Hochzeitfest.

Laura am Klavier

Wenn dein Finger durch die Saiten meistert –
Laura, itzt zur Statue entgeistert,
  Itzt entkörpert steh ich da.
Du gebietest über Tod und Leben,
Mächtig wie von tausend Nervgeweben
  Seelen fordert Philadelphia; –

Ehrerbietig leiser rauschen
Dann die Lüfte, dir zu lauschen;
  Hingeschmiedet zum Gesang,
  Stehn im ewgen Wirbelgang,
Einzuziehn die Wonnefülle,
Lauschende Naturen stille,
  Zauberin! mit Tönen, wie
  Mich mit Blicken, zwingst du sie.

Seelenvolle Harmonien wimmeln,
  Ein wollüstig Ungestüm,
Aus den Saiten, wie aus ihren Himmeln
  Neugeborne Seraphim;
Wie, des Chaos Riesenarm entronnen,
Aufgejagt vom Schöpfungssturm die Sonnen

Funkend fuhren aus der Finsternus,
Strömt der goldne Saitenguß.

Lieblich itzt wie über bunten Kieseln
Silberhelle Fluten rieseln, –
   Majestätisch prächtig nun
   Wie des Donners Orgelton,
Stürmend von hinnen itzt, wie sich von Felsen
Rauschende, schäumende Gießbäche wälzen,
   Holdes Gesäusel bald,
    Schmeichlerisch linde,
   Wie durch den Espenwald
    Buhlende Winde,
Schwerer nun und melancholisch düster,
Wie durch toter Wüsten Schauernachtgeflüster,
   Wo verlornes Heulen schweift,
   Tränenwellen der Cocytus schleift.

Mädchen, sprich! Ich frage, gib mir Kunde:
Stehst mit höhern Geistern du im Bunde?
   Ists die Sprache, lüg mir nicht,
   Die man in Elysen spricht?

Von dem Auge weg der Schleier!
   Starre Riegel von dem Ohr!
Mädchen! Ha! schon atm ich freier,
Läutert mich ätherisch Feuer?
   Tragen Wirbel mich empor? – –

Neuer Geister Sonnensitze
Winken durch zerrißner Himmel Ritze –
   Überm Grabe Morgenrot!
Weg, ihr Spötter, mit Insektenwitze!
   Weg! Es ist ein Gott – – – –

Ich möchte gern in dieser holperichten Welt einige Sprünge machen, von denen man erzählen soll

Die Räuber

I 2

KARL VON MOOR: Pfui! Pfui über das schlappe Kastratenjahrhundert, zu nichts nütze, als die Taten der Vorzeit wiederzukäuen und die Helden des Altertums mit Kommentationen zu schinden und zu verhunzen mit Trauerspielen. Die Kraft seiner Lenden ist versiegen gegangen, und nun muß Bierhefe den Menschen fortpflanzen helfen.

[...]

Da verrammeln sie sich die gesunde Natur mit abgeschmackten Konventionen, haben das Herz nicht, ein Glas zu leeren, weil sie Gesundheit dazu trinken müssen – belecken den Schuhputzer, daß er sie vertrete bei Ihro Gnaden, und hudeln den armen Schelm, den sie nicht fürchten. – Vergöttern sich um ein Mittagessen und möchten einander vergiften um ein Unterbett, das ihnen beim Aufstreich überboten wird. – Verdammen den Sadduzäer, der nicht fleißig genug in die Kirche kommt, und berechnen ihren Judenzins am Altare – fallen auf die Knie, damit sie ja ihren Schlamp ausbreiten können – wenden kein Aug von dem Pfarrer, damit sie sehen, wie seine Perücke frisiert ist. – Fallen in Ohnmacht, wenn sie eine Gans bluten sehen, und klatschen in die Hände, wenn ihr Nebenbuhler bankerott von der Börse geht.

III 2

KARL VON MOOR: [...] Bruder – ich habe die Menschen gesehen, ihre Bienensorgen, und ihre Riesenprojekte – ihre Götterpläne und ihre Mäusegeschäfte, das wunderseltsame Wettrennen nach Glückseligkeit; – dieser dem Schwung seines Rosses anvertraut – ein anderer der Nase seines Esels – ein dritter seinen eigenen Beinen; dieses bunte Lotto des Lebens, worein so mancher seine Unschuld und – seinen Himmel setzt, einen Treffer zu haschen, und – Nullen sind der Auszug – am Ende war kein Treffer darin. Es ist ein Schauspiel, Bruder, das Tränen in deine Augen lockt, wenn es dein Zwerchfell zum Gelächter kitzelt.

Schlagfertige Antwort

In einigen öffentlichen Blättern wurde vor einiger Zeit die Grille von der bevorstehenden Verheuratung der katholischen Weltgeistlichen verbreitet; zwei artige Frauenzimmer zankten sich deswegen miteinander, welche von beiden wohl den ehrwürdigen Kaplan bekommen sollte. Schont eure Nägel und Haare, sagte der ehrwürdige Pater, dann wann es ja einmal so weit kommen sollte, so dörfen wir, so wie die Priester der griechischen Kirche, nur Jungfern heuraten.

Die Verschwörung des Fiesco zu Genua

II 8

FIESCO *der sich niedersetzt:* Genueser – Das Reich der Tiere kam einst in bürgerliche Gärung, Parteien schlugen mit Parteien, und ein Fleischerhund bemächtigte sich des Throns. Dieser, gewohnt, das Schlachtvieh an das Messer zu hetzen, hauste hündisch im Reich, klaffte, biß und nagte die Knochen seines

Volks. Die Nation murrte, die Kühnsten traten zusammen, und erwürgten den fürstlichen Bullen. Itzt ward ein Reichstag gehalten, die große Frage zu entscheiden, welche Regierung die glücklichste sei? Die Stimmen teilten sich dreifach. Genueser, für welche hättet ihr entschieden?

ERSTER BÜRGER: Fürs Volk. Alle fürs Volk.

FIESCO: Das Volk gewanns. Die Regierung ward demokratisch. Jeder Bürger gab seine Stimme. Mehrheit setzte durch. Wenige Wochen vergingen, so kündigte der Mensch dem neugebackenen Freistaat den Krieg an. Das Reich kam zusammen. Roß, Löwe, Tiger, Bär, Elefant und Rhinozeros traten auf und brüllten laut: Zu den Waffen! Itzt kam die Reih an die übrigen. Lamm, Hase, Hirsch, Esel, das ganze Reich der Insekten, der Vögel, der Fische ganzes menschenscheues Heer – alle traten   dazwischen und wimmerten: Friede! Seht, Genueser! Der Feigen waren mehr denn der Streitbaren, der Dummen mehr denn der Klugen – Mehrheit setzte durch. Das Tierreich streckte die Waffen, und der Mensch brandschatzte sein Gebiet. Dieses Staatssystem ward also verworfen. Genueser, wozu wäret ihr itzt geneigt gewesen?

ERSTER UND ZWEITER: Zum Ausschuß! Freilich, zum Ausschuß!

FIESCO: Diese Meinung gefiel! Die Staatsgeschäfte teilten sich in mehrere Kammern. Wölfe besorgten die Finanzen, Füchse waren ihre Sekretäre. Tauben führten das Kriminalgericht, Tiger die gütlichen Vergleiche, Böcke schlichteten Heuratsprozesse. Soldaten waren die Hasen, Löwen und Elefant blieben bei der Bagage, der Esel war Gesandter des Reichs, und der Maulwurf Oberaufseher über die Verwaltung der Ämter. Genueser, was hofft ihr von dieser weisen Verteilung? Wen der Wolf nicht zerriß, den prellte der Fuchs. Wer diesem entrann, den tölpelte der Esel nieder. Tiger erwürgten die Unschuld; Diebe und Mörder begnadigte die Taube, und am Ende, wenn die Ämter niedergelegt wurden, fand sie der Maulwurf alle unsträflich verwaltet – Die Tiere empörten sich. Laßt uns einen Monarchen wählen, riefen sie einstimmig, der Klauen und Hirn und nur einen Magen hat – und einem Oberhaupt huldigten alle – einem, Genueser – aber *indem er mit Hoheit unter sie tritt* – es war der Löwe.

III 2

FIESCO: [...] Wenn auch des Betrügers Witz den Betrug nicht adelt, so adelt doch der Preis den Betrüger. Es ist schimpflich, eine Börse zu leeren – es ist frech, eine Million zu veruntreuen, aber es ist namenlos groß, eine Krone zu stehlen. Die Schande nimmt ab mit der wachsenden Sünde.

An Andreas Streicher, Bauerbach
8. Dezember 1782

Was Sie tun, lieber Freund, behalten Sie diese praktische Wahrheit vor Augen, die Ihren unerfahrnen Freund nur zu viel gekostet hat: Wenn man die Menschen braucht, so muß man ein H[undsfot]t werden, oder sich ihnen unentbehrlich machen. Eines von beiden, oder man sinkt unter.

Kabale und Liebe

III 1

SEKRETÄR WURM: [...] Der gereizten Leidenschaft ist keine Torheit zu bunt. Sie sagen mir, der Herr Major habe immer den Kopf zu Ihrer Regierung geschüttelt. Ich glaubs. Die Grundsätze, die er aus Akademien hieher brachte, wollten mir gleich nicht recht einleuchten. Was sollten auch die phantastischen Träumereien von Seelengröße und persönlichem Adel an einem Hof, wo die größte Weisheit diejenige ist, im rechten Tempo, auf eine geschickte Art, groß und klein zu sein. Er ist zu jung und zu feurig, um Geschmack am langsamen, krummen Gang der Kabale zu finden, und nichts wird seine Ambition in Bewegung setzen, als was groß ist und abenteuerlich.

V 7

FERDINAND: [...] Toren sinds, die von ewiger Liebe schwatzen, ewiges Einerlei widersteht, Veränderung nur ist das Salz des Vergnügens.

Was kann eine gute stehende Schaubühne eigentlich wirken?

Ich kenne nur *ein* Geheimnis, den Menschen vor Verschlimmerung zu bewahren, und dieses ist – sein Herz gegen Schwächen zu schützen.

Der Kampf

Nein, länger werd' ich diesen Kampf nicht kämpfen,
    Den Riesenkampf der Pflicht.
Kannst du des Herzens Flammentrieb nicht dämpfen,
    So fordre, Tugend, dieses Opfer nicht.

Geschworen hab' ich's, ja, ich hab's geschworen,
    Mich selbst zu bändigen.
Hier ist dein Kranz, er sei auf ewig mir verloren!
    Nimm ihn zurück und laß mich sündigen.

Zerrissen sei, was wir bedungen haben!
    Sie liebt mich – deine Krone sei verscherzt!
Glückselig, wer, in Wonnetrunkenheit begraben,
    So leicht, wie ich, den tiefen Fall verschmerzt.

Sie sieht den Wurm an meiner Jugend Blume nagen
Und meinen Lenz entflohn,
Bewundert still mein heldenmütiges Entsagen,
Und großmutsvoll beschließt sie meinen Lohn.

Mißtraue, schöne Seele, dieser Engelgüte!
Dein Mitleid waffnet zum Verbrechen mich.
Gibt's in des Lebens unermeßlichem Gebiete,
Gibt's einen andern, schönern Lohn als *dich*?

Als das Verbrechen, das ich ewig fliehen wollte?
Tyrannisches Geschick!
Der einz'ge Lohn, der meine Tugend krönen sollte,
Ist meiner Tugend letzter Augenblick!

An Christian Gottfried Körner,
Mannheim 10. Februar 1785

Unterdessen, daß die halbe Stadt Mannheim sich im Schau-
spielhaus zusammendrängt, einem Auto da Fé über Natur und
Dichtkunst – einer großen Opera – beizuwohnen, und sich an
den Verzuckungen dieser armen Delinquentinnen zu weiden,
fliege ich zu Ihnen, meine Teuersten, und weiß, daß ich in
diesem Augenblick der Glücklichere bin. Jetzt erst fange ich
an, meine Phantasie, die unruhige Vagabundin, wieder lieb zu
gewinnen, die mich aus dem traurigen Einerlei meines hiesigen Aufenthalts so freundschaftlich weg, und zu Ihnen führt.
Es ist kein Opfer, das ich Ihnen bringe, wenn die Erinnerung
an Sie meinen ganzen Horizont um mich her zernichtet – es
ist wirklicher Eigennutz, meine süßeste Erholung von meiner
jetzigen freudenlosen Existenz, daß meine Seele um Sie schweben darf. Augenblicke, wie der gegenwärtige, wo alle meine
Empfindungen in wollüstiges Trauern dahinschmelzen, wo

ich in mich selbst zurücktrete, und von meiner eigenen Armut schwelge; solche Augenblicke, wo meine Seele aus ihrer Hülle schwebt und mit freierem Fluge durch ihre Heimat Elisium wandert, sollen den Freunden meines Herzens geheiligt sein. Wenn Sie zuweilen, mitten unter den berauschenden Zerstreuungen Ihres Lebens von einer plötzlichen Wehmut überrascht werden, die Sie nicht gleich erklären können, so wissen Sie von jetzt an, daß in der Minute Schiller an Sie gedacht hat – dann hat sich mein Geist bei Ihnen gemeldet.

Dieser Eingang, fürchte ich, wird einer Schwärmerei gleicher sehen als meiner wahren Empfindung, und doch ist er ganz, ganz Stimmung meines Gefühls. Für Sie, meine besten, kann ich schlechterdings keine Schminke auftragen, diese armselige Zuflucht eines kalten Herzens kenne ich nicht. Seit Ihren letzten Briefen hat mich der Gedanke nicht mehr verlassen wollen: „Diese Menschen gehören Dir, diesen Menschen gehörest Du." – Urteilen Sie deswegen von meiner Freundschaft nicht zweideutiger, weil sie vielleicht die Miene der Übereilung trägt. – Gewissen Menschen hat die Natur die langweilige Umzäunung der Mode niedergerissen. Edlere Seelen hängen an zarteren Seilen zusammen, die nicht selten unzertrennlich und ewig halten. Große Tonkünstler kennen sich oft an den ersten Akkorden, große Maler an dem nachlässigsten Pinselstrich – edle Menschen sehr oft an einer einzigen Aufwallung. Doch vernünfteln möchte ich über meine Empfindungen nicht gern.

An Ferdinand Huber,
Mannheim 25. März 1785

Das ist also vermutlich der letzte Brief, den ich Ihnen von Mannheim aus schreibe. […]

Ich bin Willens, bei meinem neuen Etablissement in Leipzig einem Fehler zuvorzukommen, der mir in Mannheim bisher sehr viel Unannehmlichkeit machte. Es ist dieser, meine eigne Ökonomie nicht mehr zu führen, und auch nicht mehr allein zu wohnen. Das erste ist schlechterdings meine Sache nicht – es kostet mich weniger Mühe, eine ganze Verschwörung und Staatsaktion durchzuführen, als meine Wirtschaft; und Poesie, wissen Sie selbst, ist nirgends gefährlicher, als bei ökonomischen Rechnungen. Meine Seele wird geteilt, beunruhigt; ich stürze aus meinen idealistischen Welten, sobald mich ein zerrissner Strumpf an die wirkliche mahnt. Fürs andere brauch ich zu meiner geheimern Glückseligkeit einen rechten wahren Herzensfreund, der mir stets an der Hand ist, wie ein Engel, dem ich meine aufkeimenden Ideen und Empfindungen in der Geburt mitteilen kann, nicht aber durch Briefe, oder lange Besuche erst zutragen muß. Schon der nichtsbedeutende Umstand, daß ich, wenn dieser Freund außer meinen 4 Pfählen wohnt, die Straße passieren muß, ihn zu erreichen, daß ich mich umkleiden muß und dergleichen, tödet den Genuß des Augenblicks, und die Gedankenreihe kann zerrissen sein, bis ich ihn habe. Sehen Sie mein Bester, das sind nur Kleinigkeiten, aber Kleinigkeiten tragen oft die schwerste Gewichte im Verlauf unsers Lebens. Ich kenne mich besser, als vielleicht tausend andrer Mütter Söhne sich kennen, ich weiß wie viel, und oft wie wenig ich brauche, um ganz glücklich zu sein.

Untertänigstes Promemoria an die Konsistorial-Rat Körnersche weibliche Waschdeputation

Eingereicht von Einem niedergeschlagenen
Trauerspieldichter in Loschwitz

Dumm ist mein Kopf, und schwer wie Blei,
   Die Tabaksdose ledig,
Mein Magen leer, der Himmel sei
   Dem Trauerspiel gnädig!

Ich kratze mit dem Federkiel
    Auf den gewalkten Lumpen;
Wer kann Empfindung, wer Gefühl
    Aus hohlem Herzen pumpen.

Feu'r soll ich gießen auf's Papier
    Mit angefrornem Finger –
O Phöbus, hassest Du Geschmier,
    So wärm' auch Deinen Jünger.

Die Wäsche klatscht vor meiner Tür,
    Es plärrt die Küchenzofe,
Und mich – mich ruft das Flügeltier
    Nach König Philipps Hofe.

Ich steige mutig auf das Roß,
    In wenigen Sekunden
Seh' ich Madrid; am Königsschloß
    Hab' ich es angebunden.

Ich eile durch die Galerie,
    Und siehe da – belausche
Die junge Fürstin Eboli
    Im süßen Liebesrausche.

Jetzt sinkt sie an des Prinzen Brust
    Mit wonnevollem Schauer,
In ihren Augen Götterlust,
    Doch in den *seinen* Trauer.

Schon ruft das schöne Weib Triumph,
    Schön hör' ich – – Tod und Hölle!
Was hör' ich? – einen nassen Strumpf
    Geworfen in die Welle.

Und weg ist Traum und Feerei!
   Prinzessin, Gott befohlen!
Der Teufel soll die Dichterei
   Beim Hemdenwaschen holen.

Gegeben in unserer jammervollen Lage,
unweit dem Keller.

Friedrich Schiller,
Haus- und Wirtschaftsdichter.

Das Universum ist ein Gedanke Gottes

An die Freude

Freude, schöner Götterfunken,
  Tochter aus Elysium,
Wir betreten feuertrunken
  Himmlische, dein Heiligtum.
  Deine Zauber binden wieder,
  Was der Mode Schwert geteilt;
Bettler werden Fürstenbrüder,
  Wo dein sanfter Flügel weilt.

CHOR
Seid umschlungen, Millionen!
  Diesen Kuß der ganzen Welt!
  Brüder – überm Sternenzelt
Muß ein lieber Vater wohnen.

Wem der große Wurf gelungen,
  Eines Freundes Freund zu sein;
Wer ein holdes Weib errungen,
  Mische seinen Jubel ein!
Ja – wer auch nur *eine* Seele
  Sein nennt auf dem Erdenrund!
Und wers nie gekonnt, der stehle
  Weinend sich aus diesem Bund!

CHOR

Was den großen Ring bewohnet,
  Huldige der Sympathie!
  Zu den Sternen leitet sie,
Wo der *Unbekannte* thronet.

Freude trinken alle Wesen
  An den Brüsten der Natur,
Alle Guten, alle Bösen
  Folgen ihrer Rosenspur.
Küsse gab sie *uns* und *Reben,*
  Einen Freund, geprüft im Tod.
Wollust ward dem Wurm gegeben,
  Und der Cherub steht vor Gott.

CHOR

Ihr stürzt nieder, Millionen?
  Ahndest du den Schöpfer, Welt?
  Such ihn überm Sternenzelt,
Über Sternen muß er wohnen.

Freude heißt die starke Feder
  In der ewigen Natur.
Freude, Freude treibt die Räder
  In der großen Weltenuhr.
Blumen lockt sie aus den Keimen,
  Sonnen aus dem Firmament,
Sphären rollt sie in den Räumen,
  Die des Sehers Rohr nicht kennt.

CHOR

Froh, wie seine Sonnen fliegen,
  Durch des Himmels prächtgen Plan,

Laufet, Brüder, eure Bahn,
Freudig wie ein Held zum Siegen.

Aus der Wahrheit Feuerspiegel
  Lächelt *sie* den Forscher an.
Zu der Tugend steilem Hügel
  Leitet *sie* des Dulders Bahn.
Auf des Glaubens Sonnenberge
  Sieht man *ihre* Fahnen wehn,
Durch den Riß gesprengter Särge
  Sie im Chor der Engel stehn.

CHOR
Duldet mutig, Millionen!
  Duldet für die beßre Welt!
  Droben überm Sternenzelt
Wird ein großer Gott belohnen.

Göttern kann man nicht vergelten,
  Schön ists, ihnen gleich zu sein.
Gram und Armut soll sich melden,
  Mit den Frohen sich erfreun.
Groll und Rache sei vergessen,
  Unserm Todfeind sei verziehn,
Keine Träne soll ihn pressen,
  Keine Reue nage ihn.

CHOR
Unser Schuldbuch sei vernichtet!
  Ausgesöhnt die ganze Welt!
  Brüder – überm Sternenzelt
Richtet Gott, wie wir gerichtet.

Freude sprudelt in Pokalen,
   In der Traube goldnem Blut
Trinken Sanftmut Kannibalen,
   Die Verzweiflung Heldenmut – –
Brüder, fliegt von euren Sitzen,
   Wenn der volle Römer kreist,
Laßt den Schaum zum Himmel sprützen:
   Dieses Glas dem guten Geist.

CHOR
Den der Sterne Wirbel loben,
   Den des Seraphs Hymne preist,
   Dieses Glas dem guten Geist
Überm Sternenzelt dort oben!

Festen Mut in schwerem Leiden,
   Hülfe, wo die Unschuld weint,
Ewigkeit geschwornen Eiden,
   Wahrheit gegen Freund und Feind,
Männerstolz vor Königsthronen –
   Brüder, gält es Gut und Blut, –
Dem Verdienste seine Kronen,
   Untergang der Lügenbrut!

CHOR
Schließt den heilgen Zirkel dichter,
   Schwört bei diesem goldnen Wein:
   Dem Gelübde treu zu sein,
Schwört es bei dem Sternenrichter!

Rettung von Tyrannenketten,
   Großmut auch dem Bösewicht,
Hoffnung auf den Sterbebetten,
   Gnade auf dem Hochgericht!

Auch die Toten sollen leben!
Brüder trinkt und stimmet ein,
Allen Sündern soll vergeben,
Und die Hölle nicht mehr sein.

CHOR
Eine heitre Abschiedsstunde!
Süßen Schlaf im Leichentuch!
Brüder – einen sanften Spruch
Aus des Totenrichters Munde!

Philosophische Briefe

Wir haben Begriffe von der Weisheit des höchsten Wesens, von seiner Güte, von seiner Gerechtigkeit – aber keinen von seiner Allmacht. Seine Allmacht zu bezeichnen, helfen wir uns mit der stückweisen Vorstellung dreier Sukzessionen: Nichts, sein Wille und Etwas. Es ist wüste und finster – Gott ruft: Licht – und es wird Licht. Hätten wir eine Real-Idee seiner wirkenden Allmacht, so wären wir Schöpfer, wie Er.

Jede Vollkommenheit also, die ich wahrnehme, wird mein eigen, sie gibt mir Freude, weil sie mein eigen ist, ich begehre sie, weil ich mich selbst liebe. Vollkommenheit in der Natur ist keine Eigenschaft der Materie, sondern der Geister. Alle Geister sind glücklich durch ihre Vollkommenheit. Ich begehre das Glück aller Geister, weil ich mich selbst liebe. Die Glückseligkeit, die ich mir vorstelle, wird meine Glückseligkeit, also liegt mir daran, diese Vorstellungen zu erwecken, zu vervielfältigen, zu erhöhen – also liegt mir daran, Glückseligkeit um mich her zu verbreiten. Welche Schönheit, welche Vortrefflichkeit, welchen Genuß ich außer mir hervorbringe, bringe ich mir hervor, welchen ich vernachlässige, zerstöre, zerstöre ich mir, vernachlässige ich mir – Ich begehre fremde Glückseligkeit, weil ich meine eigne begehre. Begierde nach fremder Glückseligkeit nennen wir Wohlwollen, *Liebe*.

Liebe also – das schönste Phänomen in der beseelten Schöpfung, der allmächtige Magnet in der Geisterwelt, die Quelle der Andacht und der erhabensten Tugend – Liebe ist nur der Widerschein dieser einzigen Urkraft, eine Anziehung des Vortrefflichen, gegründet auf einen augenblicklichen Tausch der Persönlichkeit, eine Verwechslung der Wesen.

Wenn ich hasse, so nehme ich mir etwas, wenn ich liebe, so werde ich um das reicher, was ich liebe. Verzeihung ist das Wiederfinden eines veräußerten Eigentums – Menschenhaß ein verlängerter Selbstmord; Egoismus die höchste Armut eines erschaffenen Wesens.

Die Philosophie unsrer Zeiten – ich fürchte es – widerspricht dieser Lehre. Viele unsrer denkenden Köpfe haben es sich angelegen sein lassen, diesen himmlischen Trieb aus der menschlichen Seele hinwegzuspotten, das Gepräge der Gottheit zu verwischen und diese Energie, diesen edlen Enthusiasmus im kalten, tötenden Hauch einer kleinmütigen Indifferenz aufzulösen. Im Knechtsgefühle ihrer eignen Entwürdigung haben sie sich mit dem gefährlichen Feinde des Wohlwollens, dem Eigennutz, abgefunden, ein Phänomen zu erklären, das ihrem begrenzten Herzen zu göttlich war. Aus einem dürftigen Egoismus haben sie ihre trostlose Lehre gesponnen und ihre eigene Beschränkung zum Maßstab des Schöpfers gemacht – Entartete Sklaven, die unter dem Klang ihrer Ketten die Freiheit verschreien.

Das Universum ist ein Gedanke Gottes. Nachdem dieses idealische Geistesbild in die Wirklichkeit hinübertrat und die geborene Welt den Riß ihres Schöpfers erfüllte – erlaube mir diese menschliche Vorstellung – so ist der Beruf aller denkenden

Wesen, in diesem vorhandenen Ganzen die erste Zeichnung wiederzufinden, die Regel in der Maschine, die Einheit in der Zusammensetzung, das Gesetz in dem Phänomen aufzusuchen und das Gebäude rückwärts auf seinen Grundriß zu übertragen. Also gibt es für mich nur eine einzige Erscheinung in der Natur, das denkende Wesen. Die große Zusammensetzung, die wir Welt nennen, bleibt mir jetzo nur merkwürdig, weil sie vorhanden ist, mir die mannigfaltigen Äußerungen jenes Wesens symbolisch zu bezeichnen. Alles in mir und außer mir ist nur Hieroglyphe einer Kraft, die mir ähnlich ist. Die Gesetze der Natur sind die Chiffern, welche das denkende Wesen zusammenfügt, sich dem denkenden Wesen verständlich zu machen – das Alphabet, vermittelst dessen alle Geister mit dem vollkommensten Geist und mit sich selbst unterhandeln. Harmonie, Wahrheit, Ordnung, Schönheit, Vortrefflichkeit geben mir Freude, weil sie mich in den tätigen Zustand ihres Erfinders, ihres Besitzers versetzen, weil sie mir die Gegenwart eines vernünftig empfindenden Wesens verraten und meine Verwandtschaft mit diesem Wesen mich ahnden lassen. Eine neue Erfahrung in diesem Reiche der Wahrheit, die Gravitation, der entdeckte Umlauf des Blutes, das Natursystem des Linnäus, heißen mir ursprünglich eben das, was eine Antike, in Herkulanum hervorgegraben – beides nur Widerschein eines Geistes, neue Bekanntschaft mit einem mir ähnlichen Wesen. Ich bespreche mich mit dem Unendlichen durch das Instrument der Natur, durch die Weltgeschichte – ich lese die Seele des Künstlers in seinem Apollo.

Vier Elemente sind es, woraus alle Geister schöpfen, ihr *Ich,* die *Natur, Gott* und die *Zukunft.* Alle mischen sie millionenfach anders, geben sie millionenfach anders wieder, aber *eine* Wahrheit ist es, die, gleich einer festen Achse, gemeinschaftlich durch alle Religionen und alle Systeme geht – „Nähert euch dem Gott, den ihr meinet."

Don Karlos

III 10

MARQUIS: [...] Geben Sie
Gedankenfreiheit. –
Sich ihm zu Füßen werfend.

KÖNIG *überrascht, das Gesicht weggewandt und dann wieder auf
den Marquis geheftet.*
Sonderbarer Schwärmer!
Doch – stehet auf – ich –

MARQUIS: Sehen Sie sich um
In seiner herrlichen Natur! Auf Freiheit
Ist sie gegründet – und wie reich ist sie
Durch Freiheit! Er, der große Schöpfer, wirft
In einen Tropfen Tau den Wurm, und läßt
Noch in den toten Räumen der Verwesung
Die Willkür sich ergetzen – *Ihre* Schöpfung,
Wie eng und arm! Das Rauschen eines Blattes
Erschreckt den Herrn der Christenheit – *Sie* müssen
Vor jeder Tugend zittern. *Er* – der Freiheit
Entzückende Erscheinung nicht zu stören –
Er läßt des Übels grauenvolles Heer
In seinem Weltall lieber toben – ihn,
Den Künstler, wird man nicht gewahr, bescheiden
Verhüllt er sich in ewige Gesetze;
Die sieht der Freigeist, doch nicht *ihn*. Wozu
Ein Gott? sagt er; die Welt ist sich genug.
Und keines Christen Andacht hat ihn mehr
Als dieses Freigeists Lästerung gepriesen.

KÖNIG: Und wollet Ihr es unternehmen, dies
Erhabne Muster in der Sterblichkeit
In meinen Staaten nachzubilden?

MARQUIS: Sie,
Sie können es. Wer anders? Weihen Sie
Dem Glück der Völker die Regentenkraft,
Die – ach so lang – des Thrones Größe nur
Gewuchert hatte – stellen Sie der Menschheit
Verlornen Adel wieder her. Der Bürger
Sei wiederum, was er zuvor gewesen,
Der Krone Zweck – ihn binde keine Pflicht
Als seiner Brüder gleich ehrwürdge Rechte.

An Ferdinand Huber, Weimar 28. August 1787

Glaube mir, es steht unendlich vielen unserer Gewalt, wir haben unser Vermögen nicht gekannt – dieses Vermögen ist die *Zeit*. Eine gewissenhafte sorgfältige Anwendung dieser kann erstaunlich viel aus uns machen. Und wie schön wie beruhigend ist der Gedanke, durch den bloßen richtigen Gebrauch der Zeit, die unser Eigentum ist, sich selbst, ohne fremde Hilfe ohne Abhängigkeit von Außendingen, sich selbst alle Güter des Lebens erwerben zu können. Mit welchem Rechte können wir das Schicksal oder den Himmel darüber belangen, das uns weniger als andere begünstigte – Er gab uns Zeit und wir haben alles sobald wir Verstand und ernstlichen Willen haben mit diesem Kapitale zu wuchern.

An Christian Gottfried Körner,
Weimar 7. Januar 1788

Ohngeachtet ich lange Zeit eines Freundes nicht so bedürftig gewesen bin, kann ich es doch immer noch nicht erlangen, Dir, mein Lieber, etwas vollständiges und klares über mich selbst und meine gegenwärtigen Empfindungen zu schreiben. Fürs erste gehe ich wirklich seltener mit mir selbst um, ich bin mir ein fremdes Wesen geworden, weil mir meine Arbeiten wenig Zeit lassen, meinem inneren Ideengange zu folgen; und dann bin ich meiner Gedanken und der Erfahrungen über mich selbst noch nicht so Meister, um sie darstellen zu können. Kannst Du wohl aus einer Folge meiner Briefe an Dich die gegenwärtige Stellung meines Gemüts erraten? Ich glaube, kaum.

[…]

Aber ich muß eine Frau dabei ernähren können, denn noch einmal, mein Lieber, dabei bleibt es, daß ich heirate. Könntest Du in meiner Seele so lesen, wie ich selbst, Du würdest keine Minute darüber unentschieden sein. Alle meine Triebe zu Leben und Tätigkeit sind in mir abgenützt; diesen einzigen habe ich noch nicht versucht. Ich führe eine elende Existenz, elend durch den inneren Zustand meines Wesens. Ich muß ein Geschöpf um mich haben, das *mir* gehört, das ich glücklich machen *kann* und *muß*, an dessen Dasein mein eigenes sich erfrischen kann. […] Ich bin bis jetzt, ein isolierter fremder Mensch in der Natur herumgeirrt, und habe nichts als Eigentum besessen. Alle Wesen, an die ich mich fesselte, haben etwas gehabt, das ihnen teurer war als ich, und damit kann sich mein Herz nicht behelfen. Ich sehne mich nach einer bürgerlichen und häuslichen Existenz, und das ist das Einzige, was ich jetzt noch hoffe.

AUCH ICH WAR IN
ARKADIEN GEBOREN

Die Götter Griechenlandes

Da ihr noch die schöne Welt regiertet,
An der Freude leichtem Gängelband
Glücklichere Menschalter führtet,
Schöne Wesen aus dem Fabelland!
Ach! da euer Wonnedienst noch glänzte,
Wie ganz anders, anders war es da!
Da man deine Tempel noch bekränzte,
Venus Amathusia!

Da der Dichtkunst malerische Hülle
Sich noch lieblich um die Wahrheit wand! –
Durch die Schöpfung floß da Lebensfülle,
Und, was nie empfinden wird, empfand.
An der Liebe Busen sie zu drücken,
Gab man höhern Adel der Natur.
Alles wies den eingeweihten Blicken,
Alles eines Gottes Spur.

Wo jetzt nur, wie unsre Weisen sagen,
Seelenlos ein Feuerball sich dreht,
Lenkte damals seinen goldnen Wagen
Helios in stiller Majestät.
Diese Höhen füllten Oreaden,
Eine Dryas starb mit jenem Baum,

Aus den Urnen lieblicher Najaden
Sprang der Ströme Silberschaum.

Jener Lorbeer wand sich einst um Hilfe,
Tantals Tochter schweigt in diesem Stein,
Syrinx' Klage tönt' aus jenem Schilfe,
Philomelens Schmerz in diesem Hain.
Jener Bach empfing Demeters Zähre,
Die sie um Persephonen geweint,
Und von diesem Hügel rief Cythere,
Ach, vergebens! ihrem schönen Freund.

Zu Deukalions Geschlechte stiegen
Damals noch die Himmlischen herab,
Pyrrhas schöne Töchter zu besiegen,
Nahm Hyperion den Hirtenstab.
Zwischen Menschen, Göttern und Heroen
Knüpfte Amor einen schönen Bund.
Sterbliche mit Göttern und Heroen
Huldigten in Amathunt.

Betend an der Grazien Altären
Kniete da die holde Priesterin,
Sandte stille Wünsche an Cytheren
Und Gelübde an die Charitin.
Hoher Stolz, auch droben zu gebieten,
Lehrte sie den göttergleichen Rang,
Und des Reizes heilgen Gürtel hüten,
Der den *Donnrer* selbst bezwang.

Himmlisch und unsterblich war das Feuer,
Das in Pindars stolzen Hymnen floß,
Niederströmte in Arions Leier,
In den Stein des Phidias sich goß.

Beßre Wesen, edlere Gestalten
Kündigten die hohe Abkunft an.
Götter, die vom Himmel niederwallten,
Sahen *hier* ihn wieder aufgetan.

Werter war von eines Gottes Güte,
Teurer jede Gabe der Natur.
Unter Iris' schönem Bogen blühte
Reizender die perlenvolle Flur.
Prangender erschien die Morgenröte
In Himerens rosigtem Gewand,
Schmelzender erklang die Flöte
In des Hirtengottes Hand.

Liebenswerter malte sich die Jugend,
Blühender in Ganymeda's Bild,
Heldenkühner, göttlicher die Tugend
Mit Tritoniens Medusenschild.
Sanfter war, da Hymen es noch knüpfte,
Heiliger der Herzen ewges Band.
Selbst des Lebens zarter Faden schlüpfte
Weicher durch der Parzen Hand.

Das Evoë muntrer Thyrsusschwinger
Und der Panther prächtiges Gespann
Meldeten den großen Freudebringer.
Faun und Satyr taumeln ihm voran,
Um ihn springen rasende Mänaden,
Ihre Tänze loben seinen Wein,
Und die Wangen des Bewirters laden
Lustig zu dem Becher ein.

Höher war der Gabe Wert gestiegen,
Die der Geber freundlich mit genoß,

Näher war der Schöpfer dem Vergnügen,
Das im Busen des Geschöpfes floß.
Nennt der meinige sich dem Verstande?
Birgt ihn etwa der Gewölke Zelt?
Mühsam späh ich im Ideenlande,
Fruchtlos in der Sinnenwelt.

Eure Tempel lachten gleich Palästen,
Euch verherrlichte das Heldenspiel
An des Isthmus kronenreichen Festen,
Und die Wagen donnerten zum Ziel.
Schön geschlungne seelenvolle Tänze
Kreisten um den prangenden Altar,
Eure Schläfe schmückten Siegeskränze,
Kronen euer duftend Haar.

Seiner Güter schenkte man das beste,
Seiner Lämmer liebstes gab der Hirt,
Und der Freudetaumel seiner Gäste
Lohnte dem erhabnen Wirt.
Wohin tret ich? Diese traurge Stille
Kündigt sie mir meinen Schöpfer an?
Finster, wie er selbst, ist seine Hülle,
Mein Entsagen – was ihn feiern kann.

Damals trat kein gräßliches Gerippe
Vor das Bett des Sterbenden. Ein Kuß
Nahm das letzte Leben von der Lippe,
Still und traurig senkt' ein Genius
Seine Fackel. Schöne, lichte Bilder
Scherzten auch um die Notwendigkeit,
Und das ernste Schicksal blickte milder
Durch den Schleier sanfter Menschlichkeit.

Nach der Geister schrecklichen Gesetzen
Richtete kein heiliger Barbar,
Dessen Augen Tränen nie benetzen,
Zarte Wesen, die ein Weib gebar.
Selbst des Orkus strenge Richterwaage
Hielt der Enkel einer Sterblichen,
Und des Thrakers seelenvolle Klage
Rührte die Erinnyen.

Seine Freuden traf der frohe Schatten
In Elysiens Hainen wieder an;
Treue Liebe fand den treuen Gatten
Und der Wagenlenker seine Bahn;
Orpheus' Spiel tönt die gewohnten Lieder,
In Alcestens Arme sinkt Admet,
Seinen Freund erkennt Orestes wieder,
Seine Waffen Philoktet.

Aber ohne Wiederkehr verloren
Bleibt, was *ich* auf dieser Welt verließ,
Jede Wonne hab ich abgeschworen,
Alle Bande, die ich selig pries.
Fremde, nie verstandene Entzücken
Schaudern mich aus jenen Welten an,
Und für Freuden, die mich jetzt beglücken,
Tausch ich neue, die ich missen kann.

Höhre Preise stärkten da den Ringer
Auf der Tugend arbeitvoller Bahn:
Großer Taten herrliche Vollbringer
Klimmten zu den Seligen hinan;
Vor dem Wiederforderer der Toten
Neigte sich der Götter stille Schar.

Durch die Fluten leuchtet dem Piloten
Vom Olymp das Zwillingspaar.

Schöne Welt, wo bist du? – Kehre wieder,
Holdes Blütenalter der Natur!
Ach! nur in dem Feenland der Lieder
Lebt noch deine goldne Spur.
Ausgestorben trauert das Gefilde,
Keine Gottheit zeigt sich meinem Blick,
Ach! von jenem lebenwarmen Bilde
Blieb nur das Gerippe mir zurück.

Alle jenen Blüten sind gefallen
Von des Nordes winterlichem Wehn.
Einen zu bereichern, unter allen,
Mußte diese Götterwelt vergehn.
Traurig such ich an dem Sternenbogen,
Dich, Selene, find ich dort nicht mehr;
Durch die Wälder ruf ich, durch die Wogen,
Ach! sie widerhallen leer!

Unbewußt der Freuden, die sie schenket,
Nie entzückt von ihrer Trefflichkeit,
Nie gewahr des Armes, der sie lenket,
Reicher nie durch meine Dankbarkeit,
Fühllos selbst für ihres Künstlers Ehre,
Gleich dem toten Schlag der Pendeluhr,
Dient sie knechtisch dem Gesetz der Schwere,
Die entgötterte Natur!

Morgen wieder neu sich zu entbinden,
Wühlt sie heute sich ihr eignes Grab,
Und an ewig gleicher Spindel winden
Sich von selbst die Monde auf und ab.

Müßig kehrten zu dem Dichterlande
Heim die Götter, unnütz einer Welt,
Die, entwachsen ihrem Gängelbande,
Sich durch eignes Schweben hält.

Freundlos, ohne Bruder, ohne Gleichen,
Keiner Göttin, keiner Irdschen Sohn,
Herrscht ein andrer in des Äthers Reichen
Auf Saturnus' umgestürztem Thron.
Selig, eh sich Wesen um ihn freuten,
Selig im entvölkerten Gefild,
Sieht er in dem langen Strom der Zeiten
Ewig nur – sein eignes Bild.

Bürger des Olymps konnt ich erreichen,
Jenem Gotte, den sein Marmor preist,
Konnte einst der hohe Bildner gleichen;
Was ist neben dir der höchste Geist
Derer, welche Sterbliche gebaren?
Nur der Würmer Erster, Edelster.
Da die Götter menschlicher noch waren,
Waren Menschen göttlicher.

Dessen Strahlen mich darnieder schlagen,
Werk und Schöpfer des Verstandes! dir
Nachzuringen, gib mir Flügel, Waagen,
Dich zu wägen – oder nimm von mir,
Nimm die ernste, strenge Göttin wieder,
Die den Spiegel blendend vor mir hält;
Ihre sanftre Schwester sende nieder,
Spare jene für die andre Welt.

Resignation

Eine Phantasie

Auch ich war in Arkadien geboren,
    Auch mir hat die Natur
An meiner Wiege Freude zugeschworen,
Auch ich war in Arkadien geboren,
    Doch Tränen gab der kurze Lenz mir nur.

Des Lebens Mai blüht einmal und nicht wieder,
    Mir hat er abgeblüht.
Der stille Gott – o weinet, meine Brüder –
Der stille Gott taucht meine Fackel nieder,
    Und die Erscheinung flieht.

Da steh ich schon auf deiner Schauerbrücke,
    Ehrwürdge Geistermutter – Ewigkeit.
Empfange meinen Vollmachtbrief zum Glücke,
Ich bring ihn unerbrochen dir zurücke,
    Mein Lauf ist aus. Ich weiß von keiner Seligkeit.

Vor deinem Thron erheb ich meine Klage,
    Verhüllte Richterin.
Auf jenem Stern ging eine frohe Sage,
Du thronest hier mit des Gerichtes Waage
    Und nennest dich Vergelterin.

Hier – spricht man – warten Schrecken auf den Bösen,
    Und Freuden auf den Redlichen.
Des Herzens Krümmen werdest du entblößen,
Der Vorsicht Rätsel werdest du mir lösen
    Und Rechnung halten mit dem Leidenden.

Hier öffne sich die Heimat dem Verbannten,
　　Hier endige des Dulders Dornenbahn.
Ein Götterkind, das sie mir *Wahrheit* nannten,
Die meisten flohen, wenige nur kannten,
　　Hielt meines Lebens raschen Zügel an.

„Ich zahle dir in einem andern Leben,
　　Gib deine Jugend mir!
Nichts kann ich dir als diese Weisung geben."
Ich nahm die Weisung auf das andre Leben,
　　Und meiner Jugend Freuden gab ich ihr.

„Gib mir das Weib, so teuer deinem Herzen,
　　Gib deine Laura mir.
Jenseits der Gräber wuchern deine Schmerzen." –
Ich riß sie blutend aus dem wunden Herzen
　　Und weinte laut und gab sie ihr.

„Du siehst die Zeit nach jenen Ufern fliegen,
　　Die blühende Natur
Bleibt hinter ihr – ein welker Leichnam – liegen.
Wenn Erd und Himmel trümmernd auseinanderfliegen,
　　Daran erkenne den erfüllten Schwur."

„Die Schuldverschreibung lautet an die Toten",
　　Hohnlächelte die Welt,
„Die Lügnerin, gedungen von Despoten,
Hat für die Wahrheit Schatten dir geboten,
　　Du bist nicht mehr, wenn dieser Schein verfällt."

Frech witzelte das Schlangenheer der Spötter:
　　„Vor einem Wahn, den nur Verjährung weiht,
Erzitterst du? Was sollen deine Götter,

Des kranken Weltplans schlau erdachte Retter,
　　Die Menschenwitz des Menschen Notdurft leiht?

Ein Gaukelspiel, ohnmächtigen Gewürmen
　　Vom Mächtigen gegönnt,
Schreckfeuer, angesteckt auf hohen Türmen,
Die Phantasie des Träumers zu bestürmen,
　　Wo des Gesetzes Fackel dunkel brennt.

Was heißt die Zukunft, die uns Gräber decken?
　　Die Ewigkeit, mit der du eitel prangst?
Ehrwürdig nur, weil schlaue Hüllen sie verstecken,
Der Riesenschatten unsrer eignen Schrecken
　　Im hohlen Spiegel der Gewissensangst;

Ein Lügenbild lebendiger Gestalten,
　　Die Mumie der Zeit,
Vom Balsamgeist der Hoffnung in den kalten
Behausungen des Grabes hingehalten,
　　Das nennt dein Fieberwahn – Unsterblichkeit?

Für Hoffnungen – Verwesung straft sie Lügen –
　　Gabst du *gewisse* Güter hin?
Sechstausend Jahre hat der Tod geschwiegen,
Kam je ein Leichnam aus der Gruft gestiegen,
　　Der Meldung tat von der Vergelterin?" –

Ich sah die Zeit nach deinen Ufern fliegen,
　　Die blühende Natur
Blieb hinter ihr, ein welker Leichnam, liegen,
Kein Toter kam aus seiner Gruft gestiegen,
　　Und fest vertraut ich auf den Götterschwur.

All meine Freuden hab ich dir geschlachtet,
    Jetzt werf ich mich vor deinen Richterthron.
Der Menge Spott hab ich beherzt verachtet,
Nur *deine* Güter hab ich groß geachtet,
    Vergelterin, ich fodre meinen Lohn.

„Mit gleicher Liebe lieb ich meine Kinder!"
    Rief unsichtbar ein Genius.
„Zwei Blumen", rief er, „– hört es, Menschenkinder –
Zwei Blumen blühen für den weisen Finder,
    Sie heißen *Hoffnung* und *Genuß*.

Wer dieser Blumen *eine* brach, begehre
    Die andre Schwester nicht.
Genieße, wer nicht glauben kann. Die Lehre
Ist ewig wie die Welt. Wer glauben kann, entbehre.
    Die Weltgeschichte ist das Weltgericht.

Du hast *gehofft,* dein Lohn ist abgetragen,
    Dein *Glaube* war dein zugewognes Glück.
Du konntest deine Weisen fragen,
Was man von der Minute ausgeschlagen,
    Gibt keine Ewigkeit zurück."

An Christian Gottfried Körner,
Weimar 2. Februar 1789

Öfters um Goethe zu sein, würde mich unglücklich machen: er hat auch gegen seine nächsten Freunde kein Moment der Ergießung, er ist an nichts zu fassen; ich glaube in der Tat, er ist ein Egoist in ungewöhnlichem Grade. Er besitzt das Talent, die Menschen zu fesseln, und durch kleine sowohl als große Attentionen sich verbindlich zu machen; aber sich selbst weiß er immer frei zu behalten. Er macht seine Existenz wohltätig kund, aber nur wie ein Gott, ohne sich selbst zu geben – dies scheint mir eine konsequente und planmäßige Handlungsart, die ganz auf den höchsten Genuß der Eigenliebe kalkuliert ist. Ein solches Wesen sollten die Menschen nicht um sich herum aufkommen lassen. Mir ist er dadurch verhaßt, ob ich gleich seinen Geist von ganzem Herzen liebe und groß von ihm denke. Ich betrachte ihn wie eine stolze Prüde, der man ein Kind machen muß, um sie vor der Welt zu demütigen. Eine ganz sonderbare Mischung von Haß und Liebe ist es, die er in mir erweckt hat, eine Empfindung, die derjenigen nicht ganz unähnlich ist, die Brutus und Cassius gegen Caesar gehabt haben müssen; ich könnte seinen Geist umbringen und ihn wieder von Herzen lieben.

An Caroline von Beulwitz,
Weimar 5. Februar 1789

Ihr Brief ist in einer sehr heitern Stimmung geschrieben; Sie leben in Frieden mit sich selbst und mit der ganzen Welt. Warum kann ich nicht gleich unter Ihnen sein, und mich auch in diesen Ton stimmen lassen. Alle meine Genüsse muß ich tief aus meiner Seele hervorholen; die Natur gibt mir nichts und die Menschen suche ich nicht auf. Wenn ich glücklich sein soll, so muß ein geschlossener Zirkel um mich herum sein, der ohne mein Zutun da ist, und in den ich nur gleich eintreten kann, den ich empfänglich gestimmt finde – Darum war mir immer sowohl bei Ihnen, und Gefühle der Freundschaft haben dieses Glück nur verfeinert und vermehrt, nicht erst neu hervorgebracht. Auch wenn wir weniger Freunde wären, würde mir Ihr näherer Umgang wünschenswürdig geblieben sein. Hier fände ich von der Art nichts, auch wenn ich es suchte. Entweder sind die Menschen von ihren Ichs und was darauf Bezug hat besessen und obsediert, oder sind sie durch Façon für mich verdorben. Zerstreuen kann man sich allenfalls wohl bei ihnen, aber nicht genießen. Einige Ausnahmen gibt es allerdings, und unter diese rechne ich Frau von Stein und noch einige; aber diese sind nicht immer für mich zu haben, wenn ich es wünsche.

Über Göthen möchte ich wohl einmal im Vertrauen gegen sie ein Urteil von mir geben, aber ich könnte mich sehr leicht übereilen, weil ich ihn so äußerst selten sehe und mich nur an das halten kann, was sich mir in seiner Handlungsart überhaupt aufdringt. Göthe ist noch gegen keinen Menschen, so viel ich weiß, sehe, und gehört habe, zur Ergießung gekommen – er hat sich durch seinen Geist und tausend Verbindlichkeiten Freunde, Verehrer und Vergötterung erworben, aber sich selbst hat er immer behalten, sich selbst hat er nie gegeben. Ich fürchte, er hat sich aus dem höchsten Genuß der Eigenliebe ein Ideal von Glück geschaffen, bei dem er nicht glücklich ist. Dieser Charakter gefällt mir nicht – ich würde mir ihn nicht wünschen, und in der Nähe eines solchen Menschen wäre mir nicht wohl. (Legen Sie dieses Urteil bei Seite. Vielleicht entwickelt ihn uns die Zukunft, oder noch besser, wenn sie ihn widerlegt.)

Da rief man denn! Der neue Professor wird lesen

An Christian Gottfried Körner,
Jena 28. Mai 1789

Vorgestern, als den 26sten, habe ich endlich das Abenteuer auf dem Katheder rühmlich und tapfer bestanden und gleich gestern wiederholt. Ich lese nur 2mal in der Woche und zwei Tage hintereinander, so daß ich 5 Tage ganz frei behalte. Das Rheinholdische Auditorium bestimmte ich zu meinem Debut. Es hat eine mäßige Größe und kann ungefähr 80 sitzende Menschen, etwas über 100 in allem fassen; ob es nun freilich wahrscheinlich genug war, daß meine erste Vorlesung, der Neugierde wegen, eine größre Menge Studenten herbeilocken würde, so kennst Du ja meine Bescheidenheit. Ich wollte diese größre Menge nicht gerade voraussetzen, indem ich gleich mit dem größten Auditorium debutierte. Diese Bescheidenheit ist auf eine für mich sehr brillante Art belohnt worden. Meine Stunden sind Abends von 6 bis 7. Halb 6 war das Auditorium voll. Ich sah aus Reinholds Fenster Trupp über Trupp die Straße heraufkommen, welches gar kein Ende nehmen wollte. Ob ich gleich nicht ganz frei von Furcht war, so hatte ich doch an der wachsenden Anzahl Vergnügen, und mein Muth nahm eher zu. Überhaupt hatte ich mich mit einer gewissen Festigkeit gestählt, wozu die Idee, daß meine Vorlesung mit keiner andern die auf irgend einem Katheder in Jena gehalten worden, die Vergleichung zu scheuen brauchen würde, und überhaupt die Idee von allen die mich hören als der Überlegene anerkannt zu werden, nicht wenig beitrug. Aber die Menge wuchs nach und nach so, daß Vorsaal, Flur und Treppe vollgedrängt waren und ganze Haufen wieder gingen. Jetzt fiel es einem der bei mir war ein, ob ich nicht noch für diese Vorlesung ein anderes Auditorium wählen sollte. Grießbachs Schwager war gerade unter den Studenten, ich ließ ihnen also den Vorschlag tun bei Grießbach zu lesen und mit Freuden ward er aufgenommen. Nun gabs das lustigste Schauspiel. Alles stürzte hinaus und in einem hellen Zug die Johannisstraße hinunter, die eine der längsten in Jena, von Studenten ganz besäet war. Weil sie liefen was sie konnten, um im Grießb. Auditorium einen guten Platz zu bekommen, so kam die Straße in Alarme und alles an den Fenstern in Bewegung. Man glaubte anfangs es wäre Feuerlärm und am Schloß kam die Wache in Bewegung. Was ists den? Was gibts denn? hieß es überall. Da rief man denn! Der neue Professor wird lesen. Du siehst, daß der Zufall selbst dazu beitrug, meinen Anfang recht brillant zu machen. Ich folgte in einer kleinen Weile von Reinhold begleitet nach, es war mir, als wenn ich durch die Stadt, die ich fast ganz durchzuwandern hatte, Spießruten liefe.

Grießbachs Auditorium ist das größte und kann, wenn es voll gedrängt ist zwischen 3 und 400 Menschen fassen. Voll war es diesmal und so sehr daß ein Vorsaal und noch die Flur biß an die Haustüre besetzt war und im Auditorio selbst viele sich auf die Subsellien stellten. Ich zog also durch eine Allee von Zuschauern und Zuhörern ein und konnte den Katheder kaum finden, unter lautem Pochen, welches hier für Beifall gilt, bestieg ich ihn und sah mich von einem Amphitheater von Menschen umgeben. So schwül der Saal war, so erträglich wars am Katheder, wo alle Fenster offen waren und ich hatte doch frischen Odem. Mit den zehn ersten Worten, die ich selbst noch fest aussprechen konnte, war ich im ganzen Besitz meiner Contenance, und ich las mit einer Stärke und Sicherheit der Stimme, die mich selbst überraschte. Vor der Türe konnte man mich noch recht gut hören. Meine Vorlesung machte Eindruck, den ganzen Abend hörte man in der Stadt davon reden und mir widerfuhr eine Aufmerksamkeit von den Studenten, die bei einem neuen Professor das erste Beispiel war. Ich bekam eine Nachtmusik und Vivat wurde 3 mal gerufen. Den andern Tag war das Auditorium eben so stark besetzt, und ich hatte mich schon so gut in mein neues Fach gefunden, daß ich mich setzte. Doch habe ich beidemale meine Vorlesung abgelesen und nur wenig bei der zweiten extemporiert. Indes kann ich, wenn ich aufrichtig sein soll, dem Vorlesungenhalten selbst noch keinen rechten Geschmack abgewinnen; wäre man der Empfänglichkeit und einer gewissen vorbereitenden Fähigkeit bei den Studierenden versichert, so könnte ich überaus viel Interesse und Zweckmäßigkeit in dieser Art zu wirken finden. So aber bemächtigte sich meiner sehr lebhaft die Idee: daß zwischen dem Katheder und den Zuhörern eine Art von Schranke ist, die sich kaum übersteigen läßt. Man wirft Worte und Gedanken hin, ohne zu wissen und fast ohne zu hoffen daß sie irgendwo fangen, fast mit der Überzeugung, daß sie von 400 Ohren 400 mal, und oft abenteuerlich, mißverstanden werden. Keine Möglichkeit sich, wie im Gespräch, an die Fassungskraft des andern anzuschmiegen. Bei mir ist dies der Fall, noch mehr, da es mir schwer und ungewohnt ist, zur platten Deutlichkeit herabzusteigen. Die Zeit verbessert dies vielleicht – aber groß sind meine Hoffnungen doch nicht. Ich tröste mich damit, daß in jedem öffentlichen Amt immer nur der 100ste Teil der Absicht erfüllt wird.

An Charlotte von Lengefeld, Jena 24. Juli 1789

Ihr letzter Aufenthalt in Jena war für mich nur ein Traum – und kein ganz fröhlicher Traum; denn nie hatte ich Ihnen soviel sagen wollen, als damals und nie habe ich weniger gesagt. Was ich bei mir behalten mußte, drückte mich nieder; ich wurde Ihres Anblicks nicht froh. So oft ist mir dieses schon begegnet, und nicht immer konnte ich äußerliche Hinderungen anklagen. Kaum sollte man es denken, daß oft auch die übereinstimmendsten Menschen – die einander so schnell und leicht auffassen und so lebendig in einander leben – wieder einen so weiten Weg zu einander haben. So nah und doch so ferne! –

Ihre Empfindungen an diesem Abend waren eine dunkle Ahndung von den meinigen, und ich wünschte sie wären ein Abdruck davon gewesen, so hätten Sie mich ohne Worte verstanden, und alle die Menschen und Menschenähnliche Wesen um uns her hätten unsre Sprache nicht gestört. Ich hatte in meinem Karlos eine Stelle, die ich mit der ganzen Szene, worin sie stand, weggelassen habe. Diese Stelle drückt am besten aus, was ich hier meine.

> – – – Schlimm, daß *der Gedanke*
> erst in der Worte tote Elemente
> zersplittern muß, die Seele sich im Schalle
> verkörpern muß, der Seele zu erscheinen.
> Den treuen Spiegel halte mir vor Augen,
> der meine Seele ganz empfängt und ganz
> sie wiedergibt; dann, dann hast du genug
> das Rätsel meines Lebens aufzuklären!

Damals als ich diese Worte schrieb, hätte ich nicht geahndet, daß ich sie einmal für mich selbst würde reden lassen müssen.

Was heißt und zu welchem Ende studiert man Universalgeschichte?

Fruchtbar und weit umfassend ist das Gebiet der Geschichte; in ihrem Preise liegt die ganze moralische Welt. Durch alle Zustände, die der Mensch erlebte, durch alle abwechselnden Gestalten der Meinung, durch seine Torheit und seine Weisheit, seine Verschlimmerung und seine Veredlung, begleitet sie ihn; von allem, was er sich *nahm* und *gab*, muß sie Rechenschaft ablegen.

Der Mensch verwandelt sich und flieht von der Bühne; seine Meinungen fliehen und verwandeln sich mit ihm: die Geschichte allein bleibt unausgesetzt auf dem Schauplatz, eine unsterbliche Bürgerin aller Nationen und Zeiten. [...] Alles, was *aufhört*, hat für sie gleich kurz gedauert: sie hält den verdienten Olivenkranz frisch und zerbricht den Obelisken, den die Eitelkeit türmte. Indem sie das feine Getriebe aus einander legt, wodurch die stille Hand der Natur schon seit dem Anfang der Welt die Kräfte des Menschen planvoll entwickelt und mit Genauigkeit andeutet, was in jedem Zeitraume für diesen großen Naturplan gewonnen worden ist: so stellt sie den wahren Maßstab für Glückseligkeit und Verdienst wieder her, den der herrschende Wahn in jedem Jahrhundert anders verfälschte. Sie heilt uns von der übertriebenen Bewunderung des Altertums und von der kindischen Sehnsucht nach vergangenen Zeiten; und indem sie uns auf unsre eigenen Besitzungen aufmerksam macht, läßt sie uns die gepriesenen goldnen Zeiten Alexanders und Augusts nicht zurückwünschen.

Geschichte des Dreißigjährigen Krieges

Was für ein Riesenwerk es war, diesen unter dem Namen des Westfälischen berühmten, unverletzlichen und heiligen Frieden zu schließen, welche unendlich scheinende Hindernisse zu bekämpfen, welche streitende Interessen zu vereinigen waren, welche Reihe von Zufällen zusammen wirken mußte, dieses mühsame, teure und dauernde Werk der Staatskunst zu Stande zu bringen, was es kostete, die Unterhandlungen auch nur zu eröffnen, was es kostete, die schon eröffneten unter den wechselnden Spielen des immer fortgesetzten Krieges im Gange zu erhalten, was es kostete, dem wirklich vollendeten das Siegel aufzudrücken und den feierlich abgekündigten zur wirklichen Vollziehung zu bringen – was endlich der Inhalt dieses Friedens war, was durch dreißigjährige Anstrengungen und Leiden von jedem einzelnen Kämpfer gewonnen oder verloren worden ist, und welchen Vorteil oder Nachteil die europäische Gesellschaft im Großen und im Ganzen dabei mag geerntet haben – muß einer andern Feder vorbehalten bleiben. So ein großes Ganze die Kriegsgeschichte war, so ein großes und eignes Ganze ist auch die Geschichte des Westfälischen Friedens. Ein Abriß davon würde das interessanteste und charaktervollste Werk der menschlichen Weisheit und Leidenschaft zum Skelett entstellen und ihr gerade Dasjenige rauben, wodurch sie die Aufmerksamkeit desjenigen Publikums fesseln könnte, für das ich schrieb und von dem ich hier Abschied nehme.

Für Johannes Groß

Alles unser Wissen ist ein Darlehn der Welt und der Vorwelt. Der tätige Mensch trägt es an die Mitwelt und Nachwelt ab; der untätige stirbt mit einer unbezahlten Schuld. Jeder, der etwas Gutes wirkt, hat für die Ewigkeit gearbeitet.

DIE KULTUR SOLL
DEN MENSCHEN IN
FREIHEIT SETZEN

Über Anmut und Würde

Die Freiheit regiert also jetzt die Schönheit. Die Natur gab die Schönheit des Baues, die Seele gibt die Schönheit des Spiels. Und nun wissen wir auch, was wir unter Anmut und Grazie zu verstehen haben. Anmut ist die Schönheit der Gestalt unter dem Einfluß der Freiheit; die Schönheit derjenigen Erscheinungen, die die Person bestimmt. Die architektonische Schönheit macht dem Urheber der Natur, Anmut und Grazie machen ihrem Besitzer Ehre. Jene ist ein *Talent*, diese ein *persönliches* Verdienst.

Eine schöne Seele nennt man es, wenn sich das sittliche Gefühl aller Empfindungen des Menschen endlich bis zu dem Grad versichert hat, daß es dem Affekt die Leitung des Willens ohne Scheu überlassen darf und nie Gefahr läuft, mit den Entscheidungen desselben im Widerspruch zu stehen. Daher sind bei einer schönen Seele die einzelnen Handlungen eigentlich nicht sittlich, sondern der ganze Charakter ist es. Man kann ihr auch keine einzige darunter zum Verdienst anrechnen, weil eine Befriedigung des Triebes nie verdienstlich heißen kann. Die schöne Seele hat kein andres Verdienst, als daß sie ist.

In einer schönen Seele ist es also, wo Sinnlichkeit und Vernunft, Pflicht und Neigung harmonieren, und Grazie ist ihr

73

Ausdruck in der Erscheinung. Nur im Dienst einer schönen Seele kann die Natur zugleich Freiheit besitzen und ihre Form bewahren, da sie erstere unter der Herrschaft eines strengen Gemüts, letztere unter der Anarchie der Sinnlichkeit einbüßt. Eine schöne Seele gießt auch über eine Bildung, der es an architektonischer Schönheit mangelt, eine unwiderstehliche Grazie aus, und oft sieht man sie selbst über Gebrechen der Natur triumphieren.

So wie die Anmut der Ausdruck einer schönen Seele ist, so ist *Würde* der Ausdruck einer erhabenen Gesinnung.

Es ist dem Menschen zwar aufgegeben, eine innige Übereinstimmung zwischen seinen beiden Naturen zu stiften, immer ein harmonierendes Ganze zu sein und mit seiner vollstimmigen ganzen Menschheit zu handeln. Aber diese Charakterschönheit, die reifste Frucht seiner Humanität, ist bloß eine Idee, welcher gemäß zu werden er mit anhaltender Wachsamkeit streben, aber die er bei aller Anstrengung nie ganz erreichen kann.

Da die Würde ein Ausdruck des Widerstandes ist, den der selbständige Geist dem Naturtriebe leistet, dieser also als eine Gewalt muß angesehen werden, welche Widerstand nötig macht, so ist sie da, wo keine solche Gewalt zu bekämpfen ist, lächerlich, und wo keine mehr zu bekämpfen sein *sollte*, verächtlich. Man lacht über den Komödianten (wes Standes und Würden er auch sei), der auch bei gleichgültigen Verrichtungen eine gewisse Dignität affektiert. Man verachtet die kleine Seele, die sich für die Ausübung einer gemeinen Pflicht, die oft nur Unterlassung einer Niederträchtigkeit ist, mit Würde bezahlt macht.

Der höchste Grad der Anmut ist das *Bezaubernde;* der höchste Grad der Würde die *Majestät.* Bei dem Bezaubernden ver-

lieren wir uns gleichsam selbst und fließen hinüber in den
Gegenstand. Der höchste Genuß der Freiheit grenzt an den
völligen Verlust derselben, und die Trunkenheit des Geistes an
den Taumel der Sinnenlust. Die Majestät hingegen hält uns
ein Gesetz vor, das uns nötigt, in uns selbst zu schauen. Wir
schlagen die Augen vor dem gegenwärtigen Gott zu Boden,
vergessen alles außer uns und empfinden nichts als die schwere
Bürde unsers eigenen Daseins.

Die Begegnung

Noch seh ich sie, umringt von ihren Frauen,
Die herrlichste von allen stand sie da,
Wie eine Sonne war sie anzuschauen,
Ich stand von fern und wagte mich nicht nah,
Es faßte mich mit wollustvollem Grauen,
Als ich den Glanz vor mir verbreitet sah,
Doch schnell, als hätten Flügel mich getragen,
Ergriff es mich, die Saiten anzuschlagen.

Was ich in jenem Augenblick empfunden
Und was ich sang, vergebens sinn ich nach,
Ein neu Organ hatt ich in mir gefunden,
Das meines Herzens heilge Regung sprach,
Die Seele wars, die, jahrelang gebunden,
Durch alle Fesseln jetzt auf einmal brach
Und Töne fand in ihren tiefsten Tiefen,
Die ungeahnt und göttlich in ihr schliefen.

Und als die Saiten lange schon geschwiegen,
Die Seele endlich mir zurücke kam,
Da sah ich in den engelgleichen Zügen
Die Liebe ringen mit der holden Scham,

Und alle Himmel glaubt' ich zu erfliegen,
Als ich das leise süße Wort vernahm –
O droben nur in selger Geister Chören
Werd ich des Tones Wohllaut wieder hören!

„Das treue Herz, das trostlos sich verzehrt
Und still bescheiden nie gewagt zu sprechen,
Ich kenne den ihm selbst verborgnen Wert,
Am rohen Glück will ich das Edle rächen.
Dem Armen sei das schönste Los beschert,
Nur Liebe darf der Liebe Blume brechen.
Der schönste Schatz gehört dem Herzen an,
Das ihn erwidern und empfinden kann."

Kallias

Freiheit in der Erscheinung ist eins mit der Schönheit

Frei sein und durch sich selbst bestimmt sein, von innen heraus bestimmt sein, ist eins. Jede Bestimmung geschieht entweder von außen oder nicht von außen (von innen), was also
nicht von außen bestimmt erscheint und doch als bestimmt
erscheint, muß als von innen bestimmt vorgestellt werden.
„Sobald also das Bestimmtsein gedacht wird, so ist das Nicht-
vonaußenbestimmtsein indirekte zugleich die Vorstellung des
Voninnenbestimmtseins oder der Freiheit."
   Weil also *Schönheit* an keiner Materie haftet, sondern bloß
in der Behandlung besteht; alles aber, was [sich] den Sinnen
vorstellt, technisch oder nicht technisch, frei oder nicht frei
erscheinen kann, so folgt daraus, daß sich das Gebiet des
Schönen sehr weit erstrecke, weil die Vernunft bei allem, was
Sinnlichkeit und Verstand ihr unmittelbar vorstellen, nach
der Freiheit fragen kann und muß. Darum ist das Reich des
Geschmacks ein Reich der Freiheit – die schöne Sinnenwelt

das glückliche Symbol, wie die moralische sein soll, und jedes schöne Naturwesen außer mir ein glücklicher Bürge, der mir zuruft: Sei frei wie ich.

Die verschiedene Bestimmung

Millionen sorgen dafür, daß die Gattung bestehe,
    Aber durch wenige nur pflanzet die Menschheit sich fort.
Tausend Keime zerstreut der Herbst, doch bringet kaum einer
    Früchte, zum Element kehren die meisten zurück.
Aber entfaltet sich auch nur *einer,* der einzige streuet
    Eine lebendige Welt ewiger Bildungen aus.

Über das Erhabene

Die Kultur soll den Menschen in Freiheit setzen und ihm dazu behülflich sein, seinen ganzen Begriff zu erfüllen. Sie soll ihn also fähig machen, seinen Willen zu behaupten, denn der Mensch ist das Wesen, welches will. Der moralisch gebildete Mensch, und nur dieser, ist ganz frei. Entweder er ist der Natur als Macht überlegen, oder er ist einstimmig mit derselben. Nichts, was sie an ihm ausübt, ist Gewalt, denn eh es bis zu *ihm* kommt, ist es schon *seine eigene Handlung* geworden, und die dynamische Natur erreicht ihn selbst nie, weil er sich von allem, was sie erreichen kann, freitätig scheidet. Diese Sinnesart aber, welche die Moral unter dem Begriff der Resignation in die Notwendigkeit und die Religion unter dem Begriff der Ergebung in den göttlichen Ratschluß lehrt, erfordert, wenn sie ein Werk der freien Wahl und Überlegung sein soll, schon eine größere Klarheit des Denkens und eine höhere Energie des Willens, als dem Menschen im handelnden Leben eigen zu sein pflegt.

Solange der Mensch bloß Sklave der physischen Notwendigkeit war, aus dem engen Kreis der Bedürfnisse noch keinen Ausgang gefunden hatte und die hohe *dämonische* Freiheit in seiner Brust noch nicht ahndete, so konnte ihn die *unfaßbare* Natur nur an die Schranken seiner Vorstellungskraft, und die *verderbende* Natur nur an seine physische Ohnmacht erinnern. Er mußte also die erste mit Kleinmut vorübergehen und sich von der andern mit Entsetzen abwenden. Kaum aber macht ihm die freie Betrachtung gegen den blinden Andrang der Naturkräfte Raum, und kaum entdeckt er in dieser Flut von Erscheinungen etwas Bleibendes in seinem eigenen Wesen, so fangen die wilden Naturmassen um ihn herum an, eine ganz andere Sprache zu seinem Herzen zu reden: und das relativ Große außer ihm ist der Spiegel, worin er das absolut Große in ihm selbst erblickt.

Das höchste Ideal, wornach wir ringen, ist, mit der physischen Welt als der Bewahrerin unserer Glückseligkeit, in gutem Vernehmen zu bleiben, ohne darum genötigt zu sein, mit der moralischen zu brechen, die unsre Würde bestimmt. Nun geht es aber bekanntermaßen nicht immer an, beiden Herren zu dienen, und wenn auch (ein fast unmöglicher Fall) die Pflicht mit dem Bedürfnisse nie in Streit geraten sollte; so geht doch die Naturnotwendigkeit keinen Vertrag mit dem Menschen ein, und weder seine Kraft noch seine Geschicklichkeit kann ihn gegen die Tücke der Verhängnisse sicherstellen. Wohl ihm also, wenn er gelernt hat, zu ertragen, was er nicht ändern kann, und preiszugeben mit Würde, was er nicht retten kann!

Die idealische Freiheit

Aus dem Leben heraus sind der Wege zwei dir geöffnet:
    Zum Ideale führt einer, der andre zum Tod.
Siehe, daß du bei Zeiten noch frei auf dem ersten entspringest,
    Ehe die Parze mit Zwang dich auf dem andern entführt.

Brief an den Herzog von Augustenburg, 3. Dezember 1793

Zur Ehre der menschlichen Natur läßt sich annehmen, daß kein Mensch so tief sinken kann, um das Böse bloß deswegen, weil es böse ist, vorzuziehen, sondern daß jeder ohne Unterschied das Gute vorziehen würde, weil es das Gute ist, wenn es nicht zufälligerweise das Angenehme ausschlösse, oder das Unangenehme nach sich zöge. Alle Unmoralität in der Wirklichkeit scheint also aus der Kollision des Guten mit dem Angenehmen, oder was auf eines hinausläuft, der Begierden mit der Vernunft zu entspringen, und einer Seits die Stärke der sinnlichen Antriebe, andrer Seits die Schwäche der moralischen Willenskraft zur Quelle zu haben. Moralität kann also auf zweierlei Weise befördert werden, wie sie auf zweierlei Weise gehindert wird. Entweder man muß die Partei der Vernunft und die Kraft des guten Willens verstärken, daß keine Versuchung ihn überwältigen könne, oder man muß die Macht der Versuchungen brechen, damit auch die schwächere Vernunft und der schwächere gute Wille ihnen noch überlegen sei.

Nur der Starke wird das Schicksal zwingen

An Johann Wolfgang Goethe,
Jena 31. August 1794

Bei meiner Zurückkunft aus Weißenfels, wo ich mit meinem Freunde Körner aus Dresden eine Zusammenkunft gehabt, erhielt ich Ihren vorletzten Brief, dessen Inhalt mir doppelt erfreulich war. Denn ich ersehe daraus, daß ich in meiner Ansicht Ihres Wesens Ihrem eigenen Gefühl begegnete, und daß Ihnen die Aufrichtigkeit, mit der ich mein Herz darin sprechen ließ, nicht mißfiel. Unsre späte, aber mir manche schöne Hoffnung erweckende, Bekanntschaft, ist mir abermals ein Beweis, wie viel besser man oft tut, den Zufall machen zu lassen, als ihm durch zu viele Geschäftigkeit vorzugreifen. Wie lebhaft auch immer mein Verlangen war, in ein näheres Verhältnis zu Ihnen zu treten, als zwischen dem Geist des Schriftstellers und seinem aufmerksamsten Leser möglich ist, so begreife ich doch nunmehr vollkommen, daß die so sehr verschiedenen Bahnen, auf denen Sie und ich wandelten, uns nicht wohl früher, als gerade jetzt, mit Nutzen zusammen führen konnten. Nun kann ich aber hoffen, daß wir, soviel von dem Wege noch übrig sein mag, in Gemeinschaft durchwandeln werden, und mit um so größerm Gewinn, da die letzten Gefährten auf einer langen Reise sich immer am meisten zu sagen haben.

Erwarten Sie bei mir keinen großen materialen Reichtum von Ideen; dies ist es was ich bei Ihnen finden werde. Mein Bedürfnis und Streben ist, aus Wenigem Viel zu machen, und wenn Sie meine Armut an allem was man erworbene Erkenntnis nennt, einmal näher kennen sollten, so finden Sie vielleicht, daß es mir in manchen Stücken damit mag gelungen sein. Weil mein Gedankenkreis kleiner ist, so durchlaufe ich ihn eben darum schneller und öfter, und kann eben darum meine kleine Barschaft besser nutzen, und eine Mannigfaltigkeit, die dem Innhalte fehlt, durch die Form erzeugen. Sie bestreben sich Ihre große Ideenwelt zu simplifizieren, ich suche Varietät für meine kleinen Besitzungen. Sie haben ein Königreich zu regieren, ich nur eine etwas zahlreiche Familie von Begriffen, die ich herzlich gern zu einer kleinen Welt erweitern möchte.

Ihr Geist wirkt in einem außerordentlichen Grade intuitiv, und alle Ihre denkenden Kräfte scheinen auf die Imagination, als ihre gemeinschaftliche Repräsentantin, gleichsam kompromittiert zu haben. Im Grund ist dies das Höchste, was der Mensch aus sich machen kann, sobald es ihm gelingt, seine Anschauung zu generalisieren und seine Empfindung gesetzgebend zu machen. Darnach streben Sie, und in wie hohem Grade haben Sie es schon erreicht! Mein Verstand wirkt eigentlich mehr symbolisierend, und so schwebe ich, als eine ZwitterArt, zwischen dem Begriff und der Anschauung, zwischen der Regel und der Empfindung, zwischen dem technischen Kopf und dem Genie. Dies ist es, was mir, besonders in frühern Jahren, sowohl auf dem Felde der Spekulation als der Dichtkunst ein ziemlich linkisches Ansehen gegeben; denn gewöhnlich übereilte mich der Poet, wo ich philosophieren sollte, und der philosophische Geist, wo ich dichten wollte. Noch jetzt begegnet es mir häufig genug, daß die Einbildungskraft meine Abstraktionen, und der kalte Verstand meine Dichtung stört. Kann ich dieser beiden Kräfte in so weit Meister werden, daß ich einer jeden durch meine Freiheit ihre Grenzen bestimmen kann, so erwartet mich noch ein schönes Los; leider aber, nachdem ich meine moralischen Kräfte recht zu kennen und zu gebrauchen angefangen, droht eine Krankheit, meine physischen zu untergraben. Eine große und allgemeine Geistesrevolution werde ich schwerlich Zeit haben in mir zu vollenden aber ich werde tun was ich kann, und wenn endlich das Gebäude zusammenfällt, so habe ich doch vielleicht das Erhaltungswerte aus dem Brande geflüchtet.

Sie wollten, daß ich von mir selbst reden sollte, und ich machte von dieser Erlaubnis Gebrauch. Mit Vertrauen lege ich Ihnen diese Geständnisse hin, und ich darf hoffen, daß Sie sie mit Liebe aufnehmen.

Die Sänger der Vorwelt

Sagt, wo sind die Vortrefflichen hin, wo find ich die Sänger,
   Die mit dem lebenden Wort horchende Völker entzückt,
Die vom Himmel den Gott, zum Himmel den Menschen gesungen
   Und getragen den Geist hoch auf den Flügeln des Lieds?
Ach, noch leben die Sänger, nur fehlen die Taten, die Lyra
   Freudig zu wecken, es fehlt, ach! ein empfangendes Ohr.
Glückliche Dichter der glücklichen Welt! Von Munde zu Munde
   Flog, von Geschlecht zu Geschlecht euer empfundenes Wort.
Wie man die Götter empfängt, so begrüßte jeder mit Andacht,
   Was der Genius ihm, redend und bildend, erschuf.
An der Glut des Gesangs entflammten des Hörers Gefühle,
   An des Hörers Gefühl nährte der Sänger die Glut.
Nährt' und reinigte sie! Der Glückliche, dem in des Volkes
   Stimme noch hell zurück tönte die Seele des Lieds,
Dem noch von außen erschien, im Leben, die himmlische Gottheit,
   Die der Neuere kaum, kaum noch im Herzen vernimmt.

Das Ideal und das Leben

Ewigklar und spiegelrein und eben
Fließt das zephirleichte Leben
Im Olymp den Seligen dahin.
Monde wechseln und Geschlechter fliehen,
Ihrer Götterjugend Rosen blühen
Wandellos im ewigen Ruin.
Zwischen Sinnenglück und Seelenfrieden
Bleibt dem Menschen nur die bange Wahl;
Auf der Stirn des hohen Uraniden
Leuchtet ihr vermählter Strahl.

Wollt ihr schon auf Erden Göttern gleichen,
Frei sein in des Todes Reichen,
Brechet nicht von seines Gartens Frucht.
An dem Scheine mag der Blick sich weiden,
Des Genusses wandelbare Freuden
Rächet schleunig der Begierde Flucht.
Selbst der Styx, der neunfach sie umwindet,
Wehrt die Rückkehr Ceres' Tochter nicht,
Nach dem Apfel greift sie, und es bindet
Ewig sie des Orkus Pflicht.

Nur der Körper eignet jenen Mächten,
Die das dunkle Schicksal flechten,
Aber frei von jeder Zeitgewalt,
Die Gespielin seliger Naturen
Wandelt oben in des Lichtes Fluren,
Göttlich unter Göttern, die *Gestalt*.
Wollt ihr hoch auf ihren Flügeln schweben,
Werft die Angst des Irdischen von euch.
Fliehet aus dem engen, dumpfen Leben
In des Ideales Reich!

Jugendlich, von allen Erdenmalen
Frei, in der Vollendung Strahlen
Schwebet hier der Menschheit Götterbild,
Wie des Lebens schweigende Phantome
Glänzend wandeln an dem stygschen Strome,
Wie sie stand im himmlischen Gefild,
Ehe noch zum traurgen Sarkophage
Die Unsterbliche heruntersteig.
Wenn im Leben noch des Kampfes Waage
Schwankt, erscheinet hier der Sieg.

Nicht vom Kampf die Glieder zu entstricken,
Den Erschöpften zu erquicken,
Wehet hier des Sieges duftger Kranz.
Mächtig, selbst wenn eure Sehnen ruhten,
Reißt das Leben euch in seine Fluten,
Euch die Zeit in ihren Wirbeltanz.
Aber sinkt des Mutes kühner Flügel
Bei der Schranken peinlichem Gefühl,
Dann erblicket von der Schönheit Hügel
Freudig das erflogne Ziel.

Wenn es gilt, zu herrschen und zu schirmen,
Kämpfer gegen Kämpfer stürmen
Auf des Glückes, auf des Ruhmes Bahn,
Da mag Kühnheit sich an Kraft zerschlagen,
Und mit krachendem Getös die Wagen
Sich vermengen auf bestäubtem Plan.
Mut allein kann hier den Dank erringen,
Der am Ziel des Hippodromes winkt,
Nur der Starke wird das Schicksal zwingen,
Wenn der Schwächling untersinkt.

Aber der, von Klippen eingeschlossen,
Wild und schäumend sich ergossen,
Sanft und eben rinnt des Lebens Fluß
Durch der Schönheit stille Schattenlande,
Und auf seiner Wellen Silberrande
Malt Aurora sich und Hesperus.
Aufgelöst in zarter Wechselliebe,
In der Anmut freiem Bund vereint,
Ruhen hier die ausgesöhnten Triebe,
Und verschwunden ist der Feind.

Wenn, das Tote bildend zu beseelen,
Mit dem Stoff sich zu vermählen,
Tatenvoll der Genius entbrennt,
Da, da spanne sich des Fleißes Nerve,
Und beharrlich ringend unterwerfe
Der Gedanke sich das Element.
Nur dem Ernst, den keine Mühe bleichet,
Rauscht der Wahrheit tief versteckter Born,
Nur des Meißels schwerem Schlag erweichet
Sich des Marmors sprödes Korn.

Aber dringt bis in der Schönheit Sphäre,
Und im Staube bleibt die Schwere
Mit dem Stoff, den sie beherrscht, zurück.
Nicht der Masse qualvoll abgerungen,
Schlank und leicht, wie aus dem Nichts gesprungen,
Steht das Bild vor dem entzückten Blick.
Alle Zweifel, alle Kämpfe schweigen
In des Sieges hoher Sicherheit,
Ausgestoßen hat es jeden Zeugen
Menschlicher Bedürftigkeit.

Wenn ihr in der Menschheit traurger Blöße
Steht vor des Gesetzes Größe,
Wenn dem Heiligen die Schuld sich naht,
Da erblasse vor der Wahrheit Strahle
Eure Tugend, vor dem Ideale
Fliehe mutlos die beschämte Tat.
Kein Erschaffner hat dies Ziel erflogen,
Über diesen grauenvollen Schlund
Trägt kein Nachen, keiner Brücke Bogen,
Und kein Anker findet Grund.

Aber flüchtet aus der Sinne Schranken
In die Freiheit der Gedanken,
Und die Furchterscheinung ist entflohn,
Und der ewge Abgrund wird sich füllen;
Nehmt die Gottheit auf in euren Willen,
Und sie steigt von ihrem Weltenthron.
Des Gesetzes strenge Fessel bindet
Nur den Sklavensinn, der es verschmäht,
Mit des Menschen Widerstand verschwindet
Auch des Gottes Majestät.

Wenn der Menschheit Leiden euch umfangen,
Wenn Laokoon der Schlangen
Sich erwehrt mit namenlosem Schmerz,
Da empöre sich der Mensch! Es schlage
An des Himmels Wölbung seine Klage
Und zerreiße euer fühlend Herz!
Der Natur furchtbare Stimme siege,
Und der Freude Wange werde bleich,
Und der heilgen Sympathie erliege
Das Unsterbliche in euch!

Aber in den heitern Regionen,
Wo die reinen Formen wohnen,
Rauscht des Jammers trüber Sturm nicht mehr.
Hier darf Schmerz die Seele nicht durchschneiden,
Keine Träne fließt hier mehr dem Leiden,
Nur des Geistes tapfrer Gegenwehr.
Lieblich, wie der Iris Farbenfeuer
Auf der Donnerwolke duftgem Tau,
Schimmert durch der Wehmut düstern Schleier
Hier der Ruhe heitres Blau.

Tief erniedrigt zu des Feigen Knechte,
Ging in ewigem Gefechte
Einst Alcid des Lebens schwere Bahn,
Rang mit Hydern und umarmt' den Leuen,
Stürzte sich, die Freunde zu befreien,
Lebend in des Totenschiffers Kahn.
Alle Plagen, alle Erdenlasten
Wälzt der unversöhnten Göttin List
Auf die willgen Schultern des Verhaßten,
Bis sein Lauf geendigt ist –

Bis der Gott, des Irdischen entkleidet,
Flammend sich vom Menschen scheidet
Und des Äthers leichte Lüfte trinkt.
Froh des neuen, ungewohnten Schwebens,
Fließt er aufwärts, und des Erdenlebens
Schweres Traumbild sinkt und sinkt und sinkt.
Des Olympus Harmonien empfangen
Den Verklärten in Kronions Saal,
Und die Göttin mit den Rosenwangen
„Reicht ihm lächelnd den Pokal."

Durch das Ideal kehrt er zur Einheit zurück

Die Ideale

So willst du treulos von mir scheiden
Mit deinen holden Phantasien,
Mit deinen Schmerzen, deinen Freuden,
Mit allen unerbittlich fliehn?
Kann nichts dich, Fliehende, verweilen,
O! meines Lebens goldne Zeit?
Vergebens, deine Wellen eilen
Hinab ins Meer der Ewigkeit.

Erloschen sind die heitern Sonnen,
Die meiner Jugend Pfad erhellt,
Die Ideale sind zerronnen,
Die einst das trunkne Herz geschwellt,
Er ist dahin, der süße Glaube
An Wesen, die mein Traum gebar,
Der rauhen Wirklichkeit zum Raube,
Was einst so schön, so göttlich war.

Wie einst mit flehendem Verlangen
Pygmalion den Stein umschloß,
Bis in des Marmors kalte Wangen
Empfindung glühend sich ergoß,
So schlang ich mich mit Liebesarmen
Um die Natur, mit Jugendlust,

Bis sie zu atmen, zu erwarmen
Begann an meiner Dichterbrust,

Und, teilend meine Flammentriebe,
Die Stumme eine Sprache fand,
Mir wiedergab den Kuß der Liebe
Und meines Herzens Klang verstand;
Da lebte mir der Baum, die Rose,
Mir sang der Quellen Silberfall,
Es fühlte selbst das Seelenlose
Von meines Lebens Widerhall.

Es dehnte mit allmächtgem Streben
Die enge Brust ein kreisend All,
Herauszutreten in das Leben
In Tat und Wort, in Bild und Schall.
Wie groß war diese Welt gestaltet,
Solang die Knospe sie noch barg,
Wie wenig, ach! hat sich entfaltet,
Dies wenige, wie klein und karg!

Wie sprang, von kühnem Mut beflügelt,
Beglückt in seines Traumes Wahn,
Von keiner Sorge noch gezügelt,
Der Jüngling in des Lebens Bahn.
Bis an des Äthers bleichste Sterne
Erhob ihn der Entwürfe Flug,
Nichts war so hoch und nichts so ferne,
Wohin ihr Flügel ihn nicht trug.

Wie leicht ward er dahingetragen,
Was war dem Glücklichen zu schwer!
Wie tanzte vor des Lebens Wagen
Die luftige Begleitung her!

Die Liebe mit dem süßen Lohne,
Das Glück mit seinem goldnen Kranz,
Der Ruhm mit seiner Sternenkrone,
Die Wahrheit in der Sonne Glanz!

Doch, ach! schon auf des Weges Mitte
Verloren die Begleiter sich,
Sie wandten treulos ihre Schritte,
Und einer nach dem andern wich.
Leichtfüßig war das Glück entflogen,
Des Wissens Durst blieb ungestillt,
Des Zweifels finstre Wetter zogen
Sich um der Wahrheit Sonnenbild.

Ich sah des Ruhmes heilge Kränze
Auf der gemeinen Stirn entweiht.
Ach, allzuschnell nach kurzem Lenze,
Entfloh die schöne Liebeszeit.
Und immer stiller wards und immer
Verlaßner auf dem rauhen Steg,
Kaum warf noch einen bleichen Schimmer
Die Hoffnung auf den finstern Weg.

Von all dem rauschenden Geleite,
Wer harrte liebend bei mir aus?
Wer steht mir tröstend noch zur Seite
Und folgt mir bis zum finstern Haus?
Du, die du alle Wunden heilest,
Der Freundschaft leise, zarte Hand,
Des Lebens Bürden liebend teilest,
Du, die ich frühe sucht' und fand,

Und du, die gern sich mit ihr gattet,
Wie sie der Seele Sturm beschwört,

Beschäftigung, die nie ermattet,
Die langsam schafft, doch nie zerstört,
Die zu dem Bau der Ewigkeiten
Zwar Sandkorn nur für Sandkorn reicht,
Doch von der großen Schuld der Zeiten
Minuten, Tage, Jahre streicht.

Über naive und sentimentalische Dichtung

Das Naive der Denkart kann daher niemals eine Eigenschaft verdorbener Menschen sein, sondern nur Kindern und kindlich gesinnten Menschen zukommen. Diese letztern handeln und denken oft mitten unter den gekünstelten Verhältnissen der großen Welt naiv; sie vergessen aus eigener schöner Menschlichkeit, daß sie es mit einer verderbten Welt zu tun haben, und betragen sich selbst an den Höfen der Könige mit einer Ingenuität und Unschuld, wie man sie nur in einer Schäferwelt findet.

Es ist übrigens gar nicht so leicht, die kindische Unschuld von der kindlichen immer richtig zu unterscheiden, indem es Handlungen gibt, welche auf der äußersten Grenze zwischen beiden schweben und bei denen wir schlechterdings im Zweifel gelassen werden, ob wir die Einfältigkeit belachen oder die edle Einfalt hochschätzen sollen.

Solange der Mensch noch reine, es versteht sich, nicht rohe Natur ist, wirkt er als ungeteilte sinnliche Einheit und als ein harmonierendes Ganze. Sinne und Vernunft, empfangendes und selbsttätiges Vermögen, haben sich in ihrem Geschäfte noch nicht getrennt, viel weniger stehen sie im Widerspruch miteinander. Seine Empfindungen sind nicht das formlose Spiel des Zufalls, seine Gedanken nicht das gehaltlose Spiel der Vorstellungskraft; aus dem Gesetz der *Notwendigkeit* gehen jene, aus der *Wirklichkeit* gehen diese hervor. Ist der Mensch in den Stand der Kultur getreten, und hat die Kunst ihre Hand an ihn gelegt, so ist jene *sinnliche* Harmonie in ihm aufgehoben, und er kann nur noch als *moralische* Einheit, d.h. als nach Einheit strebend sich äußern. Die Übereinstimmung zwischen seinem Empfinden und Denken, die in dem ersten Zustande *wirklich* stattfand, existiert jetzt bloß *idealisch*: sie ist nicht mehr in ihm, sondern außer ihm; als ein Gedanke, der erst realisiert werden soll, nicht mehr als Tatsache seines Lebens. Wendet man nun den Begriff der Poesie, der kein andrer ist, *als der Menschheit ihren möglichst vollständigen Ausdruck zu geben*, auf jene beiden Zustände an, so ergibt sich, daß dort in dem Zustande natürlicher Einfalt, wo der Mensch noch, mit allen seinen Kräften zugleich, als harmonische Einheit wirkt, wo mithin das Ganze seiner Natur sich in der Wirklichkeit vollständig ausdrückt, die möglichst vollständige *Nachahmung des Wirklichen* – daß hingegen hier in dem Zustande der Kultur, wo jenes harmonische Zusammenwirken seiner ganzen Natur bloß eine Idee ist, die Erhebung der Wirklichkeit zum Ideal oder, was auf eins hinausläuft, *die Darstellung des Ideals den Dichter machen* muß. Und dies sind auch die zwei einzig möglichen Arten, wie sich überhaupt der poetische Genius äußern kann. Sie sind, wie man sieht, äußerst voneinander verschieden, aber es gibt einen höhern Begriff, der sie beide unter sich faßt, und es darf gar nicht befremden, wenn dieser Begriff mit der Idee der Menschheit in eins zusammentrifft.

Dieser Weg, den die neueren Dichter gehen, ist übrigens derselbe, den der Mensch überhaupt sowohl im einzelnen als im ganzen einschlagen muß. Die Natur macht ihn mit sich eins, die Kunst trennt und entzweiet ihn, durch das Ideal kehrt er zur Einheit zurück.

An Charlotte Schiller, Weimar
20. September 1794

Meinen Brief von Weimar wird mein liebes nun vermutlich haben. Seit dieser Zeit ging es ganz ordentlich mit mir, bis auf ein Reißen in den Lenden, das ich mir durch eine Erkältung zugezogen haben mag, und das einmal früh Morgens so stark war, daß ich mich nicht im Bette rühren konnte. Es hat aber schon denselben Tag abgenommen, und hindert mich doch nicht mehr an den notwendigsten Bewegungen.

Ich bringe die meiste Zeit des Tages mit Göthen zu, so daß ich, bei meinem langen Schlafen, kaum für die nötigsten Briefe noch Zeit übrig habe. Vor einigen Tagen warn wir von halb 12 wo ich angezogen war bis Nachts um 11 Uhr ununterbrochen beisammen. Er las mir seine Elegien, die zwar schlüpfrig und nicht sehr dezent sind, aber zu den besten Sachen gehören, die er gemacht hat. Sonst sprachen wir sehr viel von seinen und meinen Sachen, von anzufangenden und angefangenen Traurspielen u. dergl.

An Johann Wolfgang Goethe,
Jena 29. September 1794

Ich sehe mich wieder hier, aber mit meinem Sinn bin ich noch immer in Weimar. Es wird mir Zeit kosten, alle die Ideen zu entwirren, die Sie in mir aufgeregt haben; aber keine einzige, hoffe ich, soll verloren sein. Es war meine Absicht, diese vierzehn Tage bloß dazu anzuwenden, soviel von Ihnen zu empfangen, als meine Rezeptivität erlaubt; die Zeit wird es nun lehren, ob diese Aussaat bei mir aufgehen wird.

DIE KUNST IST EINE TOCHTER DER FREIHEIT

Die Teilung der Erde

„Nehmt hin die Welt!" rief Zeus von seinen Höhen
  Den Menschen zu. „Nehmt, sie soll euer sein!
Euch schenk ich sie zum Erb und ewgen Lehen,
  Doch teilt euch brüderlich darein."

Da eilt, was Hände hat, sich einzurichten,
  Es regte sich geschäftig jung und alt.
Der Ackermann griff nach des Feldes Früchten,
  Der Junker birschte durch den Wald.

Der Kaufmann nimmt, was seine Speicher fassen,
  Der Abt wählt sich den edeln Firnewein,
Der König sperrt die Brücken und die Straßen
  Und sprach: „Der Zehente ist mein."

Ganz spät, nachdem die Teilung längst geschehen,
  Naht der Poet, er kam aus weiter Fern;
Ach! da war überall nichts mehr zu sehen,
  Und alles hatte seinen Herrn!

„Weh mir! so soll ich denn allein von allen
  Vergessen sein, ich, dein getreuster Sohn?"
So ließ er laut der Klage Ruf erschallen
  Und warf sich hin vor Jovis Thron.

„Wenn du im Land der Träume dich verweilet",
  Versetzt der Gott, „so hadre nicht mit mir.
Wo warst du denn, als man die Welt geteilet?" –
  „Ich war", sprach der Poet, „bei dir.

Mein Auge hing an deinem Angesichte,
  An deines Himmels Harmonie mein Ohr –
Verzeih dem Geiste, der, von deinem Lichte
  Berauscht, das Irdische verlor!"

„Was tun?" spricht Zeus. „Die Welt ist weggegeben,
  Der Herbst, die Jagd, der Markt ist nicht mehr mein.
Willst du in meinem Himmel mit mir leben:
  So oft du kommst, er soll dir offen sein."

Über die ästhetische Erziehung des Menschen

Aber sollte ich von der Freiheit, die mir von Ihnen verstattet
wird, nicht vielleicht einen bessern Gebrauch machen können, als Ihre Aufmerksamkeit auf dem Schauplatz der schönen
Kunst zu beschäftigen? Ist es nicht wenigstens außer der Zeit,
sich nach einem Gesetzbuch für die ästhetische Welt umzuse-
hen, da die Angelegenheiten der moralischen ein soviel näheres
Interesse darbieten und der philosophische Untersuchungsgeist durch die Zeitumstände so nachdrücklich aufgefordert
wird, sich mit dem vollkommensten aller Kunstwerke, mit
dem Bau einer wahren politischen Freiheit zu beschäftigen?
  Ich möchte nicht gern in einem andern Jahrhundert leben
und für ein andres gearbeitet haben. Man ist ebensogut Zeit-
bürger, als man Staatsbürger ist; und wenn es unschicklich, ja
unerlaubt gefunden wird, sich von den Sitten und Gewohn-
heiten des Zirkels, in dem man lebt, auszuschließen, warum
sollte es weniger Pflicht sein, in der Wahl seines Wirkens dem

Bedürfnis und dem Geschmack des Jahrhunderts eine Stimme einzuräumen?

Diese Stimme scheint aber keineswegs zum Vorteil der Kunst auszufallen; derjenigen wenigstens nicht, auf welche allein meine Untersuchungen gerichtet sein werden. Der Lauf der Begebenheiten hat dem Genius der Zeit eine Richtung gegeben, die ihn je mehr und mehr von der Kunst des Ideals zu entfernen droht. Diese muß die Wirklichkeit verlassen und sich mit anständiger Kühnheit über das Bedürfnis erheben; denn die Kunst ist eine Tochter der Freiheit, und von der Notwendigkeit der Geister, nicht von der Notdurft der Materie will sie ihre Vorschrift empfangen. Jetzt aber herrscht das Bedürfnis und beugt die gesunkene Menschheit unter sein tyrannisches Joch. Der *Nutzen* ist das große Idol der Zeit, dem alle Kräfte fronen und alle Talente huldigen sollen. Auf dieser groben Waage hat das geistige Verdienst der Kunst kein Gewicht, und, aller Aufmunterung beraubt, verschwindet sie von dem lärmenden Markt des Jahrhunderts. Selbst der philosophische Untersuchungsgeist entreißt der Einbildungskraft eine Provinz nach der andern, und die Grenzen der Kunst verengen sich, je mehr die Wissenschaft ihre Schranken erweitert.

Von allem, was positiv ist und was menschliche Konventionen einführten, ist die Kunst wie die Wissenschaft losgesprochen, und beide erfreuen sich einer absoluten *Immunität* von der Willkür der Menschen. Der politische Gesetzgeber kann ihr Gebiet sperren, aber darin herrschen kann er nicht. Er kann den Wahrheitsfreund ächten, aber die Wahrheit besteht; er kann den Künstler erniedrigen, aber die Kunst kann er nicht verfälschen. Zwar ist nichts gewöhnlicher, als daß beide, Wissenschaft und Kunst, dem Geist des Zeitalters huldigen und der hervorbringende Geschmack von dem beurteilenden das Gesetz empfängt. Wo der Charakter straff wird und sich verhärtet, da sehen wir die Wissenschaft streng ihre Grenzen bewachen und die Kunst in den schweren Fesseln der Regel gehn; wo der Charakter erschlafft und sich auflöst, da wird die Wissenschaft zu gefallen und die Kunst zu vergnügen streben. Ganze Jahrhunderte lang zeigen sich die Philosophen wie die Künstler geschäftig, Wahrheit und Schönheit in die Tiefen gemeiner Menschheit hinabzutauchen; jene gehen darin unter, aber mit eigner unzerstörbarer Lebenskraft ringen sich diese siegend empor.

Der Gegenstand des sinnlichen Triebes, in einem allgemeinen Begriff ausgedrückt, heißt *Leben* in weitester Bedeutung; ein Begriff, der alles materiale Sein und alle unmittelbare Gegenwart in den Sinnen bedeutet. Der Gegenstand des Formtriebes, in einem allgemeinen Begriff ausgedrückt, heißt Gestalt, sowohl in uneigentlicher als in eigentlicher Bedeutung; ein Begriff, der alle formalen Beschaffenheiten der Dinge und alle Beziehungen derselben auf die Denkkräfte unter sich faßt. Der Gegenstand des Spieltriebes, in einem allgemeinen Schema vorgestellt, wird also *lebende Gestalt* heißen können; ein Begriff, der allen ästhetischen Beschaffenheiten der Erscheinungen und mit einem Worte dem, was man in weitester Bedeutung *Schönheit* nennt, zur Bezeichnung dient.

Wird aber, möchten Sie längst schon versucht gewesen sein mir entgegenzusetzen, wird nicht das Schöne dadurch, daß man es zum bloßen Spiel macht, erniedrigt und den frivolen Gegenständen gleichgestellt, die von jeher im Besitz dieses Namens waren? Widerspricht es nicht dem Vernunftbegriff und der Würde der Schönheit, die doch als ein Instrument der Kultur betrachtet wird, sie auf ein *bloßes Spiel* einzuschränken, und widerspricht es nicht dem Erfahrungsbegriffe des Spiels, das mit Ausschließung alles Geschmackes zusammen bestehen kann, es bloß auf Schönheit einzuschränken?

Aber was heißt denn ein *bloßes* Spiel, nachdem wir wissen, daß unter allen Zuständen des Menschen gerade das Spiel und *nur* das Spiel es ist, was ihn vollständig macht und seine doppelte Natur auf einmal entfaltet? Was Sie, nach Ihrer Vorstellung der Sache, *Einschränkung* nennen, das nenne ich, nach der meinen, die ich durch Beweise gerechtfertigt habe, *Erweiterung*. Ich würde also vielmehr gerade umgekehrt sagen: mit dem Angenehmen, mit dem Guten, mit dem Vollkommenen ist es dem Menschen *nur* ernst, aber mit der Schönheit spielt er. Freilich dürfen wir uns hier nicht an die Spiele erinnern, die in dem wirklichen Leben im Gange sind und die sich gewöhnlich nur auf sehr materielle Gegenstände richten; aber in dem wirklichen Leben würden wir auch die Schönheit vergebens suchen, von der hier die Rede ist. Die wirklich vorhandene Schönheit ist des wirklich vorhandenen Spieltriebes wert; aber durch das Ideal der Schönheit, welches die Vernunft aufstellt, ist auch ein Ideal des Spieltriebes aufgegeben, das der Mensch in allen seinen Spielen vor Augen haben soll.

Denn, um es endlich auf einmal herauszusagen, der Mensch spielt nur, wo er in voller Bedeutung des Worts Mensch ist, und *er ist nur da ganz Mensch, wo er spielt.* Dieser Satz, der in diesem Augenblicke vielleicht paradox erscheint, wird eine große und tiefe Bedeutung erhalten, wenn wir erst dahin gekommen sein werden, ihn auf den doppelten Ernst der Pflicht und des Schicksals anzuwenden; er wird, ich verspreche es Ihnen, das ganze Gebäude der ästhetischen Kunst und der noch schwierigern Lebenskunst tragen.

Es lassen sich also drei verschiedene Momente oder Stufen der Entwicklung unterscheiden, die sowohl der einzelne Mensch als die ganze Gattung notwendig und in einer bestimmten Ordnung durchlaufen müssen, wenn sie den ganzen Kreis ihrer Bestimmung erfüllen sollen. Durch zufällige Ursachen, die entweder in dem Einfluß der äußern Dinge oder in der freien Willkür des Menschen liegen, können zwar die einzelnen Perioden bald verlängert, bald abgekürzt, aber keine kann ganz übersprungen, und auch die Ordnung, in welcher sie aufeinanderfolgen, kann weder durch die Natur noch durch den Willen umgekehrt werden. Der Mensch in seinem *physischen* Zustand erleidet bloß die Macht der Natur; er entledigt sich dieser Macht in dem *ästhetischen* Zustand, und er beherrscht sie in dem *moralischen*.

Spiel des Lebens

Wollt ihr in meinen Kasten sehn?
Des Lebens Spiel, die Welt im kleinen,
Gleich soll sie eurem Aug erscheinen;
Nur müßt ihr nicht zu nahe stehn,
Ihr müßt sie bei der Liebe Kerzen
Und nur bei Amors Fackel sehn.

Schaut her! Nie wird die Bühne leer:
Dort bringen sie das Kind getragen,
Der Knabe hüpft, der Jüngling stürmt einher,
Es kämpft der Mann, und alles will er wagen.

Ein jeglicher versucht sein Glück,
Doch schmal nur ist die Bahn zum Rennen:
Der Wagen rollt, die Achsen brennen,
Der Held drängt kühn voran, der Schwächling bleibt zurück,
Der Stolze fällt mit lächerlichem Falle,
Der Kluge überholt sie alle.

Die Frauen seht ihr an den Schranken stehn,
Mit holdem Blick, mit schönen Händen
Den Dank dem Sieger auszuspenden.

Spruch des Konfuzius

Dreifach ist der Schritt der Zeit:
Zögernd kommt die Zukunft hergezogen,
Pfeilschnell ist das Jetzt entflogen,
Ewig still steht die Vergangenheit.

Keine Ungeduld beflügelt
Ihren Schritt, wenn sie verweilt.
Keine Furcht, kein Zweifeln zügelt
Ihren Lauf, wenn sie enteilt.
Keine Reu, kein Zaubersegen
Kann die Stehende bewegen.

Möchtest du beglückt und weise
Endigen des Lebens Reise,
Nimm die Zögernde zum Rat,
Nicht zum Werkzeug deiner Tat.
Wähle nicht die Fliehende zum Freund,
Nicht die Bleibende zum Feind.

Spruch des Konfuzius

Dreifach ist des Raumes Maß:
    Rastlos fort ohn Unterlaß
    Strebt die *Länge,* fort ins Weite
    Endlos gießet sich die *Breite,*
    Grundlos senkt die *Tiefe* sich.

Dir ein Bild sind sie gegeben:
    Rastlos vorwärts mußt du streben,
    Nie ermüdet stille stehn,
    Willst du die Vollendung sehn;
    Mußt ins Breite dich entfalten,
    Soll sich dir die Welt gestalten;
    In die Tiefe mußt du steigen,
    Soll sich dir das Wesen zeigen.
Nur Beharrung führt zum Ziel,
Nur die Fülle führt zur Klarheit,
Und im Abgrund wohnt die Wahrheit.

Pegasus im Joche

Auf einen Pferdemarkt – vielleicht zu Haymarket,
Wo andre Dinge noch in Ware sich verwandeln,
Bracht einst ein hungriger Poet
Der Musen Roß, es zu verhandeln.

Hell wieherte der Hippogryph
Und bäumte sich in prächtiger Parade;
Erstaunt blieb jeder stehn und rief:
„Das edle, königliche Tier! Nur schade,
Daß seinen schlanken Wuchs ein häßlich Flügelpaar
Entstellt! Den schönsten Postzug würd’ es zieren.
Die Rasse, sagen sie, sei rar,
Doch wer wird durch die Luft kutschieren?

Und keiner will sein Geld verlieren.“
Ein Pachter endlich faßte Mut.
„Die Flügel zwar“, spricht er, „die schaffen keinen Nutzen,
Doch die kann man ja binden oder stutzen,
Dann ist das Pferd zum Ziehen immer gut.

Ein zwanzig Pfund, die will ich wohl dran wagen."
Der Täuscher, hochvergnügt, die Ware loszuschlagen,
Schlägt hurtig ein. „Ein Mann, ein Wort!"
Und Hans trabt frisch mit seiner Beute fort.

Das edle Tier wird eingespannt.
Doch fühlt es kaum die ungewohnte Bürde,
So rennt es fort mit wilder Flugbegierde
Und wirft, von edelm Grimm entbrannt,
Den Karren um an eines Abgrunds Rand.
„Schon gut", denkt Hans. „Allein darf ich dem tollen Tiere
Kein Fuhrwerk mehr vertraun. Erfahrung macht schon klug.
Doch morgen fahr ich Passagiere,
Da stell ich es als Vorspann in den Zug.
Die muntre Krabbe soll zwei Pferde mir ersparen,
Der Koller gibt sich mit den Jahren."

Der Anfang ging ganz gut. Das leichtbeschwingte Pferd
Belebt der Klepper Schritt, und pfeilschnell fliegt der Wagen.
Doch was geschieht? Den Blick den Wolken zugekehrt,
Und ungewohnt, den Grund mit festem Huf zu schlagen,
Verläßt es bald der Räder sichre Spur,
Und treu der stärkeren Natur,
Durchrennt es Sumpf und Moor, geackert Feld und Hecken;
Der gleiche Taumel faßt das ganze Postgespann,
Kein Rufen hilft, kein Zügel hält es an,
Bis endlich, zu der Wandrer Schrecken,
Der Wagen, wohlgerüttelt und zerschellt,
Auf eines Berges steilem Gipfel hält.

„Das geht nicht zu mit rechten Dingen",
Spricht Hans mit sehr bedenklichem Gesicht.
„So wird es nimmermehr gelingen;
Laß sehn, ob wir den Tollwurm nicht

Durch magre Kost und Arbeit zwingen."
Die Probe wird gemacht. Bald ist das schöne Tier,
Eh noch drei Tage hingeschwunden,
Zum Schatten abgezehrt. „Ich hab's, ich hab's gefunden!"
Ruft Hans. „Jetzt frisch, und spannt es mir
Gleich vor den Pflug mit meinem stärksten Stier."

Gesagt, getan. In lächerlichem Zuge
Erblickt man Ochs und Flügelpferd am Pfluge.
Unwillig steigt der Greif und strengt die letzte Macht
Der Sehnen an, den alten Flug zu nehmen.
Umsonst, der Nachbar schreitet mit Bedacht,
Und Phöbus' stolzes Roß muß sich dem Stier bequemen,
Bis nun, vom langen Widerstand verzehrt,
Die Kraft aus allen Gliedern schwindet,
Von Gram gebeugt das edle Götterpferd
Zu Boden stürzt und sich im Staube windet.

„Verwünschtes Tier!" bricht endlich Hansens Grimm
Laut scheltend aus, indem die Hiebe flogen.
„So bist du denn zum Ackern selbst zu schlimm?
Mich hat ein Schelm mit dir betrogen."

Indem er noch in seines Zornes Wut
Die Peitsche schwingt, kommt flink und wohlgemut
Ein lustiger Gesell die Straße hergezogen.
Die Zither klingt in seiner leichten Hand,
Und durch den blonden Schmuck der Haare
Schlingt zierlich sich ein goldnes Band.
„Wohin, Freund, mit dem wunderlichen Paare?"
Ruft er den Baur von weitem an.
„Der Vogel und der Ochs an *einem* Seile,
Ich bitte dich, welch ein Gespann!
Willst du auf eine kleine Weile

Dein Pferd zur Probe mir vertraun,
Gib acht, du sollst dein Wunder schau'n!"

Der Hippogryph wird ausgespannt,
Und lächelnd schwingt sich ihm der Jüngling auf den Rücken.
Kaum fühlt das Tier des Meisters sichre Hand,
So knirscht es in des Zügels Band
Und steigt, und Blitze sprühn aus den beseelten Blicken,
Nicht mehr das vor'ge Wesen, königlich,
Ein Geist, ein Gott, erhebt es sich,
Entrollt mit einemmal in Sturmes Wehen
Der Schwingen Pracht, schießt brausend himmelan,
Und eh' der Blick ihm folgen kann,
Entschwebt es zu den blauen Höhen.

Der Metaphysiker

„Wie tief liegt unter mir die Welt,
Kaum seh ich noch die Menschlein unten wallen!
Wie trägt mich meine Kunst, die *Höchste* unter allen,
So nahe an des Himmels Zelt!"
So ruft von seines Turmes Dache
Der Schieferdecker, so der kleine große Mann
Hans Metaphysikus in seinem Schreibgemache.
Sag an, du kleiner großer Mann,
Der Turm, von dem dein Blick so vornehm niederschauet,
Wovon ist er – *worauf* ist er erbauet?
Wie kamst du selbst hinauf, – und seine kahlen Höh'n,
Wozu sind sie dir nütz, als in das Tal zu sehn?

Die Weltweisen

Der Satz, durch welchen alles Ding
Bestand und Form empfangen,
Der Kloben, woran Zeus den Ring
Der Welt, die sonst in Scherben ging,
Vorsichtig aufgehangen,
Den nenn ich einen großen Geist,
Der mir ergründet, wie er heißt,
Wenn *ich* ihm nicht drauf helfe –
Er heißt: Zehn ist nicht Zwölfe.

Der Schnee macht kalt, das Feuer brennt,
Der Mensch geht auf zwei Füßen,
Die Sonne scheint am Firmament,
Das kann, wer auch nicht Logik kennt,
Durch seine Sinne wissen.
Doch wer Metaphysik studiert,
Der weiß, daß, wer verbrennt, nicht friert,
Weiß, daß das Nasse feuchtet
Und daß das Helle leuchtet.

Homerus singt sein Hochgedicht,
Der Held besteht Gefahren,
Der brave Mann tut seine Pflicht
Und tat sie, ich verhehl es nicht,
Eh noch Weltweise waren;
Doch hat Genie und Herz vollbracht,
Was *Lock'* und *Descartes* nie gedacht,
Sogleich wird auch von diesen
Die Möglichkeit bewiesen.

Im Leben gilt der Stärke Recht,
Dem Schwachen trotzt der Kühne,

Wer nicht gebieten kann, ist Knecht,
Sonst geht es ganz erträglich schlecht
Auf dieser Erdenbühne.
Doch wie es wäre, fing der Plan
Der Welt nur erst von vornen an,
Ist in Moralsystemen
Ausführlich zu vernehmen.

„Der Mensch bedarf des Menschen sehr
Zu seinem großen Ziele,
Nur in dem Ganzen wirket er,
Viel Tropfen geben erst das Meer,
Viel Wasser treibt die Mühle.
Drum flieht der wilden Wölfe Stand
Und knüpft des Staates daurend Band."
So lehren vom Katheder
Herr Puffendorf und Feder.

Doch weil, was ein Professor spricht,
Nicht gleich zu allen dringet,
So übt Natur die Mutterpflicht
Und sorgt, daß nie die Kette bricht
Und daß der Reif nie springet.
Einstweilen, bis den Bau der Welt
Philosophie zusammenhält,
Erhält sie das Getriebe
Durch Hunger und durch Liebe.

Die zwei Tugendwege

Zwei sind der Wege, auf welchen der Mensch zur Tugend
    emporstrebt,
    Schließt sich der eine dir zu, tut sich der andre dir auf.
Handelnd erringt der Glückliche sie, der Leidende duldend.
    Wohl ihm, den sein Geschick liebend auf beiden geführt.

SUCHST DU DAS HÖCHSTE, DAS GRÖSSTE?

Das Unwandelbare

„Unaufhaltsam enteilet die Zeit." – Sie sucht das Beständge.
Sei getreu, und du legst ewige Fesseln ihr an.

Theophanie

Zeigt sich der Glückliche mir, ich vergesse die Götter des Himmels,
Aber sie stehn vor mir, wenn ich den Leidenden seh.

Das Höchste

Suchst du das Höchste, das Größte?
Die Pflanze kann es dich lehren:
    Was sie willenlos ist, sei du es wollend – das ists!

Unsterblichkeit

Vor dem Tod erschrickst du?
Du wünschest, unsterblich zu leben?
    Leb im Ganzen! Wenn du lange dahin bist, es bleibt.

Das verschleierte Bild zu Sais

Ein Jüngling, den des Wissens heißer Durst
Nach Sais in Ägypten trieb, der Priester
Geheime Weisheit zu erlernen, hatte
Schon manchen Grad mit schnellem Geist durcheilt,
Stets riß ihn seine Forschbegierde weiter,
Und kaum besänftigte der Hierophant
Den ungeduldig Strebenden. „Was hab ich,
Wenn ich nicht alles habe?" sprach der Jüngling.
„Gibts etwa hier ein Weniger und Mehr?
Ist deine Wahrheit wie der Sinne Glück
Nur eine Summe, die man größer, kleiner
Besitzen kann und immer doch besitzt?
Ist sie nicht eine einzge, ungeteilte?
Nimm einen Ton aus einer Harmonie,
Nimm eine Farbe aus dem Regenbogen,
Und alles, was dir bleibt, ist nichts, solang
Das schöne All der Töne fehlt und Farben."

Indem sie einst so sprachen, standen sie
In einer einsamen Rotonde still,
Wo ein verschleiert Bild von Riesengröße
Dem Jüngling in die Augen fiel. Verwundert
Blickt er den Führer an und spricht: „Was ists,
Das hinter diesem Schleier sich verbirgt?"
„Die Wahrheit", ist die Antwort. – „Wie?" ruft jener,
„Nach Wahrheit streb ich ja allein, und diese
Gerade ist es, die man mir verhüllt?"

„Das mache mit der Gottheit aus", versetzt
Der Hierophant. „Kein Sterblicher, sagt sie,
Rückt diesen Schleier, bis ich selbst ihn hebe.
Und wer mit ungeweihter, schuldger Hand

Den heiligen, verbotnen früher hebt,
Der, spricht die Gottheit –" – „Nun?" – „Der *sieht* die
Wahrheit."

„Ein seltsamer Orakelspruch! Du selbst,
Du hättest also niemals ihn gehoben?"
„Ich? Wahrlich nicht! Und war auch nie dazu
Versucht." – „Das faß ich nicht. Wenn von der Wahrheit
Nur diese dünne Scheidewand mich trennte –"
„Und ein Gesetz", fällt ihm sein Führer ein.
„Gewichtiger, mein Sohn, als du es meinst,
Ist dieser dünne Flor – für deine Hand
Zwar leicht, doch zentnerschwer für dein Gewissen."

Der Jüngling ging gedankenvoll nach Hause.
Ihm raubt des Wissens brennende Begier
Den Schlaf, er wälzt sich glühend auf dem Lager
Und rafft sich auf um Mitternacht. Zum Tempel
Führt unfreiwillig ihn der scheue Tritt.
Leicht ward es ihm, die Mauer zu ersteigen,
Und mitten in das Innre der Rotonde
Trägt ein beherzter Sprung den Wagenden.

Hier steht er nun, und grauenvoll umfängt
Den Einsamen die lebenlose Stille,
Die nur der Tritte hohler Widerhall
In den geheimen Grüften unterbricht.
Von oben durch der Kuppel Öffnung wirft
Der Mond den bleichen, silberblauen Schein,
Und furchtbar wie ein gegenwärtger Gott
Erglänzt durch des Gewölbes Finsternisse
In ihrem langen Schleier die Gestalt.

Er tritt hinan mit ungewissem Schritt,
Schon will die freche Hand das Heilige berühren,
Da zuckt es heiß und kühl durch sein Gebein
Und stößt ihn weg mit unsichtbarem Arme.
Unglücklicher, was willst du tun? So ruft
In seinem Innern eine treue Stimme.
Versuchen den Allheiligen willst du?
Kein Sterblicher, sprach des Orakels Mund,
Rückt diesen Schleier, bis ich selbst ihn hebe.
Doch setzte nicht derselbe Mund hinzu:
Wer diesen Schleier hebt, soll Wahrheit schauen?
„Sei hinter ihm, was will! Ich heb ihn auf."
(Er rufts mit lauter Stimm.) „Ich will sie schauen." Schauen!
Gellt ihm ein langes Echo spottend nach.

Er sprichts und hat den Schleier aufgedeckt.
Nun, fragt ihr, und was zeigte sich ihm hier?
Ich weiß es nicht. Besinnungslos und bleich,
So fanden ihn am andern Tag die Priester
Am Fußgestell der Isis ausgestreckt.
Was er allda gesehen und erfahren,
Hat seine Zunge nie bekannt. Auf ewig
War seines Lebens Heiterkeit dahin,
Ihn riß ein tiefer Gram zum frühen Grabe.
„Weh dem", dies war sein warnungsvolles Wort,
Wenn ungestüme Frager in ihn drangen,
„Weh dem, der zu der Wahrheit geht durch Schuld,
Sie wird ihm nimmermehr erfreulich sein."

Die Macht des Gesanges

Ein Regenstrom aus Felsenrissen,
Er kommt mit Donners Ungestüm,
Bergtrümmer folgen seinen Güssen,
Und Eichen stürzen unter ihm;
Erstaunt, mit wollustvollem Grausen,
Hört ihn der Wanderer und lauscht,
Er hört die Flut vom Felsen brausen,
Doch weiß er nicht, woher sie rauscht:
So strömen des Gesanges Wellen
Hervor aus nie entdeckten Quellen.

Verbündet mit den furchtbarn Wesen,
Die still des Lebens Faden drehn,
Wer kann des Sängers Zauber lösen,
Wer seinen Tönen widerstehn?
Wie mit dem Stab des Götterboten
Beherrscht er das bewegte Herz,
Er taucht es in das Reich der Toten,
Er hebt es staunend himmelwärts
Und wiegt es zwischen Ernst und Spiele
Auf schwanker Leiter der Gefühle.

Wie wenn auf einmal in die Kreise
Der Freude, mit Gigantenschritt,
Geheimnisvoll nach Geisterweise
Ein ungeheures Schicksal tritt.
Da beugt sich jede Erdengröße
Dem Fremdling aus der andern Welt,
Des Jubels nichtiges Getöse
Verstummt, und jede Larve fällt,
Und vor der Wahrheit mächtgem Siege
Verschwindet jedes Werk der Lüge.

So rafft von jeder eiteln Bürde,
Wenn des Gesanges Ruf erschallt,
Der Mensch sich auf zur Geisterwürde
Und tritt in heilige Gewalt;
Den hohen Göttern ist er eigen,
Ihm darf nichts Irdisches sich nahn,
Und jede andre Macht muß schweigen,
Und kein Verhängnis fällt ihn an,
Es schwinden jedes Kummers Falten,
Solang des Liedes Zauber walten.

Und wie nach hoffnungslosem Sehnen,
Nach langer Trennung bitterm Schmerz,
Ein Kind mit heißen Reuetränen
Sich stürzt an seiner Mutter Herz,
So führt zu seiner Jugend Hütten,
Zu seiner Unschuld reinem Glück,
Vom fernen Ausland fremder Sitten
Den Flüchtling der Gesang zurück,
In der Natur getreuen Armen
Von kalten Regeln zu erwarmen.

Man liebt nur, was einen in Freiheit setzt

Über die notwendigen Grenzen beim Gebrauch schöner Formen

Wie viele Menschen erlauben sich nicht, ungerecht zu sein, um großmütig sein zu können! Wie viele gibt es nicht, die, um einem einzelnen wohl zu tun, die Pflicht gegen das Ganze verletzen, und umgekehrt; die sich eher eine Unwahrheit als eine Indelikatesse, eher eine Verletzung der Menschlichkeit als der Ehre verzeihen, die, um die Vollkommenheit ihres Geistes zu beschleunigen, ihren Körper zugrunde richten und, um ihren Verstand auszuschmücken, ihren Charakter erniedrigen! Wie viele gibt es nicht, die selbst vor einem Verbrechen nicht erschrecken, wenn ein löblicher Zweck dadurch zu erreichen steht, die ein Ideal politischer Glückseligkeit durch alle Gräuel der Anarchie verfolgen, Gesetze in den Staub treten, um für bessere Platz zu machen, und kein Bedenken tragen, die gegenwärtige Generation dem Elend preiszugeben, um das Glück der nächstfolgenden dadurch zu befestigen! Die scheinbare Uneigennützigkeit gewisser Tugenden gibt ihnen einen Anstrich von Reinlichkeit, der sie dreist genug macht, der Pflicht ins Angesicht zu trotzen, und manchem spielt seine Phantasie den seltsamen Betrug, daß er über die Moralität noch hinaus und vernünftiger als die Vernunft sein will.

An Johann Gottlieb Fichte, Jena 4. August 1795

[...] unabhängig von dem, was um mich herum gemeint und geliebkost wird, folge ich bloß dem Zwang entweder meiner Natur oder meiner Vernunft, und da ich nie Versuchung gefühlt habe, eine Schule zu gründen oder Jünger um mich her zu versammeln, so hat diese Verfahrungsart keine Überwindung gekostet ... und wenn ich nicht gleichgültig sein kann, ob mich ein großes oder kleines Publikum kauft, so habe ich mich wenigstens auf dem einzigen Wege darum beworben, der meiner Individualität und meinem Charakter entspricht — nicht dadurch, daß ich mir durch Anschmiegung an den Geist der Zeit das Publikum zu gewinnen, sondern dadurch, daß ich es durch die lebhafte und kühne Aufstellung *meiner* Vorstellungsart zu überraschen und zu erschüttern suchte. Daß ein Schriftsteller, welcher diesen Weg geht, nicht der Liebling seines Publikums werden kann, liegt in der Natur der Sache, denn man liebt nur, was einen in Freiheit setzt, nicht was einen anspannt; aber er erhält dafür die Genugtuung, daß er von der Armseligkeit gehaßt, von der Eitelkeit beneidet, von Gemütern, die eines Schwunges fähig sind, mit Begeisterung ergriffen und von knechtischen Seelen mit Furcht und Zittern angebetet wird.

Würde des Menschen

Nichts mehr davon, ich bitt euch. Zu essen gebt ihm, zu wohnen,
    Habt ihr die Blöße bedeckt, gibt sich die Würde von selbst.

Das Ehrwürdige

Ehret ihr immer das Ganze, ich kann nur Einzelne achten,
    Immer in Einzelnen nur hab ich das Ganze erblickt.

Die schönste Erscheinung

Sahest du nie die Schönheit im Augenblicke des Leidens,
    Niemals hast du die Schönheit gesehn.
Sahst du die Freude nie in einem schönen Gesichte,
    Niemals hast du die Freude gesehn!

Güte und Größe

Nur zwei Tugenden gibts, o wären sie immer vereinigt,
    Immer die Güte auch groß, immer die Größe auch gut!

Griechheit

Griechheit, was war sie? Verstand und Maß und Klarheit!
Drum dächt ich:
    Etwas Geduld noch, ihr Herrn, eh ihr von Griechheit uns
sprecht!

Die zwei Fieber

Kaum hat das kalte Fieber der Gallomanie uns verlassen,
    Bricht in der Gräkomanie gar noch ein hitziges aus.

Warnung

Eine würdige Sache verfechtet ihr; nur mit Verstande,
    Bitt ich! daß sie zum Spott und zum Gelächter nicht wird!

Wechselwirkung

Kinder werfen den Ball an die Wand und fangen ihn wieder,
    Aber ich lobe das Spiel, wirft mir der Freund ihn zurück.

Pflicht für jeden

Immer strebe zum Ganzen, und kannst du selber kein Ganzes
    Werden, als dienendes Glied schließ an ein Ganzes dich an.

Die Übereinstimmung

Wahrheit suchen wir beide; du außen im Leben, ich innen
    In dem Herzen, und so findet sie jeder gewiß.
Ist das Auge gesund, so begegnet es außen dem Schöpfer,
    Ist es das Herz, dann gewiß spiegelt es innen die Welt.

Der Schlüssel

Willst du dich selber erkennen, so sieh, wie die andern es treiben,
    Willst du die andern verstehn, blick in dein eigenes Herz.

Glaubwürdigkeit

Wem zu glauben ist, redliche Freunde, das kann ich euch sagen:
Glaubt dem Leben, es lehrt besser als Redner und Buch.

Wahrheit

Eine nur ist sie für alle, doch siehet sie jeder verschieden;
Daß es eines doch bleibt, macht das Verschiedene wahr.

Schönheit

Schönheit ist ewig nur Eine, doch mannigfach wechselt das Schöne,
Daß es wechselt, das macht eben das Eine nur schön.

Aufgabe

Keiner sei gleich dem andern, doch gleich sei jeder dem Höchsten.
Wie das zu machen? Es sei jeder vollendet in sich.

Bedingung

Ewig strebst du umsonst, dich dem Göttlichen ähnlich zu machen,
Hast du das Göttliche nicht erst zu dem *Deinen* gemacht.

Das eigne Ideal

Allen gehört, was du denkst, dein eigen ist nur, was du fühlest,
Soll er dein Eigentum sein, fühle den Gott, den du denkst.

An Wilhelm von Humboldt, Jena 1. Februar 1796

Ich bin, was den Inhalt unserer Briefe betrifft, in einem so großen Rückstand gegen Sie, mein lieber Freund, daß ich über die Zahlung ordentlich erschrecke. Alle meine Verlegenheit wäre gehoben, wenn ich diese Zahlung nur mündlich leisten könnte, aber es geht mir mit der Feder oft sonderbar. Bin ich einmal im Gange, wie ich es in diesem Sommer und Herbst war, so kann ich unter lastenden Geschäften große Briefe schreiben, ohne an den Mechanismus zu denken. Bin ich aber, so wie jetzt, aus diesem Mechanismus heraus, so erschrickt der Gedanke vor dem weiten Weg, den er hat, um zu dem andern zu gelangen.

O schlimm, daß der Gedanke
Erst in der Sprache tote Elemente
Zerfallen muß, die Seele zum Gerippe
Absterben muß, der Seele zu erscheinen;
Den treuen Spiegel gib mir Freund, der ganz
Mein Herz empfängt und Ganz es wiederscheint.

Diese in meinem Don Carlos einst befindliche, aber reduzierte Stelle drückt einigermaßen aus, was ich jetzt in gewissen Momenten fühle, wenn ich Ihnen, oder auch Körnern schreiben will. Der zufällige Umstand, daß ich noch immer in keiner bestimmten Arbeit begriffen bin, sondern spielend von Bild zu Bild und von einem epigrammatischen Gedanken zu einem andern überspringe, trägt vollends dazu bei, mir für jetzt alle Suite und Beharrlichkeit zu nehmen.

[...]

Die Xenien, von denen ich Ihnen einmal schrieb, haben sich nunmehr zu einem wirklich interessanten Produkt, das in seiner Art einzig werden dürfte, erweitert. Göthe und ich werden uns darin absichtlich so ineinander verschränken, daß uns niemand ganz auseinander scheiden und absondern soll. Bei einem solchen gemeinschaftlichen Werk ist natürlicher Weise keine strenge Form möglich; alles, was sich erreichen läßt, ist eine gewisse Allheit, oder lieber Unermeßlichkeit, und diese soll das Werk auch an sich tragen. Eine angenehme und zum Teil genialische Impudenz und Gottlosigkeit, eine nichts verschonende Satyre, in welcher jedoch ein lebhaftes Streben nach einem festen Punkt zu erkennen sein wird, wird der Charakter davon sein. Unter 600 Monodistichen tun wir es nicht, aber wo möglich steigen wir auf die runde Zahl 1000. Von der Möglichkeit werden Sie Sich überzeugen, wenn ich Ihnen sage, daß wir jetzt schon in dem dritten Hundert sind, obgleich die Idee nicht viel über einen Monat alt ist. Bei aller ungeheueren Verschiedenheit zwischen G. und mir wird es selbst Ihnen öfters schwer und manchmal gewiß unmöglich sein, unsern Anteil an dem Werke zu sortieren. Denn da das Ganze einen laxen Plan hat, das Einzelne aber ein Minimum ist, so ist zu wenig Fläche gegeben, um das verschiedene Spiel der beiden Naturen zu zeigen. Es ist auch zwischen G. und mir förmlich beschlossen, unsere Eigentumsrechte an den einzelnen Epigrammen niemals auseinander zu setzen, sondern es in Ewigkeit auf sich beruhen zu lassen, welches uns auch, wegen der Freiheit der Satyre, zuträglich ist. Sammeln wir unsere Gedichte, so läßt jeder die Xenien ganz abdrucken. Daß ich für eine große Korrektheit auch in der Prosodie sorgen werde, verspreche ich Ihnen sowohl in meiner als Göthens Portion. – Übrigens bitte ich Sie, von dieser Eröffnung vor der Hand auch Göthen selbst nichts zu sagen.

DASS ES DEM VORTREFFLICHEN GEGENÜBER KEINE FREIHEIT GIBT ALS DIE LIEBE

Das Mädchen aus der Fremde

In einem Tal bei armen Hirten
Erschien mit jedem jungen Jahr,
Sobald die ersten Lerchen schwirrten,
Ein Mädchen, schön und wunderbar.

Sie war nicht in dem Tal geboren,
Man wußte nicht, woher sie kam,
Und schnell war ihre Spur verloren,
Sobald das Mädchen Abschied nahm.

Beseligend war ihre Nähe,
Und alle Herzen wurden weit,
Doch eine Würde, eine Höhe
Entfernte die Vertraulichkeit.

Sie brachte Blumen mit und Früchte,
Gereift auf einer andern Flur,
In einem andern Sonnenlichte,
In einer glücklichern Natur.

Und teilte jedem eine Gabe,
Dem Früchte, jenem Blumen aus,
Der Jüngling und der Greis am Stabe,
Ein jeder ging beschenkt nach Haus.

Willkommen waren alle Gäste,
Doch nahte sich ein liebend Paar,
Dem reichte sie der Gaben beste,
Der Blumen allerschönste dar.

An Johann Wolfgang Goethe, Jena 2. Juli 1796

Wie lebhaft habe ich bei dieser Gelegenheit erfahren, daß das Vortreffliche eine Macht ist, daß es auf selbstsüchtige Gemüter auch nur als eine Macht wirken kann, daß es dem Vortrefflichen gegenüber keine Freiheit gibt als die Liebe.

Des Mädchens Klage

Der Eichwald brauset,
Die Wolken ziehn,
Das Mägdlein sitzet
An Ufers Grün,
Es bricht sich die Welle mit Macht, mit Macht,
Und sie seufzt hinaus in die finstre Nacht,
Das Auge vom Weinen getrübet.

„Das Herz ist gestorben,
Die Welt ist leer,
Und weiter gibt sie
Dem Wunsche nichts mehr.
Du Heilige, rufe dein Kind zurück,
Ich habe genossen das irdische Glück,
Ich habe gelebt und geliebet!"

Es rinnet der Tränen
Vergeblicher Lauf,

Die Klage, sie wecket
Die Toten nicht auf,
Doch nenne, was tröstet und heilet die Brust
Nach der süßen Liebe verschwundener Lust,
Ich, die himmlische, wills nicht versagen.

„Laß rinnen der Tränen
Vergeblichen Lauf,
Es wecke die Klage
Den Toten nicht auf,
Das süßeste Glück für die traurende Brust,
Nach der schönen Liebe verschwundener Lust,
Sind der Liebe Schmerzen und Klagen."

LIES UNS NACH LAUNE, NACH LUST, IN TRÜBEN, IN FRÖHLICHEN STUNDEN

Der Kunstgriff

Wollt ihr zugleich den Kindern der Welt und den
Frommen gefallen?
　　Malet die Wollust – nur malet den Teufel dazu.

Amor als Schulkollege

Was das entsetzlichste sei von allen entsetzlichen Dingen?
　　Ein Pedant, den es jückt, locker und lose zu sein.

Analytiker

Ist denn die Wahrheit ein Zwiebel, von dem man
die Häute nur abschält?
　　Was ihr hinein nicht gelegt, ziehet ihr nimmer heraus.

Der Geist und der Buchstabe

Lange kann man mit Marken, mit Rechenpfennigen zahlen,
　　Endlich, es hilft nichts, ihr Herrn, muß man den Beutel doch ziehn.

Wissenschaft

Einem ist sie die hohe, die himmlische Göttin, dem andern
Eine tüchtige Kuh, die ihn mit Butter versorgt.

Das philosophische Gespräch

Einer, das höret man wohl, spricht nach dem andern, doch keiner
Mit dem andern; wer nennt zwei Monologen Gespräch?

An den Leser

Lies uns nach Laune, nach Lust, in trüben, in fröhlichen Stunden,
Wie uns der gute Geist, wie uns der böse gezeugt.

An gewisse Umschöpfer

Nichts soll werden das Etwas, daß Nichts sich zu Etwas gestalte?
Laß das Etwas nur sein! nie wird zu Etwas das Nichts.

Der Purist

Sinnreich bist du, die Sprache von fremden Wörtern zu säubern,
Nun, so sage doch, Freund, wie man *Pedant* uns verdeutscht.

Ich

Denk ich, so bin ich! Wohl! Doch wer wird immer auch denken?
Oft schon war ich, und hab wirklich an gar nichts gedacht!

Dem Zudringlichen

Ein vor allemal willst du ein ewiges Leben mir schaffen?
    Mach im zeitlichen doch mir nicht die Weile so lang.

Unglückliche Eilfertigkeit

Ach, wie sie *Freiheit* schrien und *Gleichheit,* geschwind
wollt ich folgen,
    Und weil die Trepp mir zu lang deuchte, so sprang
    ich vom Dach.

Was ist das Schwerste

Was ist das Schwerste von allem? Was dir das Leichteste dünken,
    Mit den Augen zu sehn, was vor den Augen dir liegt.

Böser Kampf

Mittelmäßigkeit ist von allen Gegnern der schlimmste,
    Deine Verirrung, Genie, schreibt sie als Tugend sich an.

Die Idealwelt

Alle sind sie entwichen des Lebens Schatten, verschwunden
    Sind mir die Menschen, und klar stehet der Mensch nur vor mir

Wahl

Kannst du nicht *allen* gefallen durch deine Tat und dein Kunstwerk,
Mach es *wenigen* recht; *vielen* gefallen ist schlimm.

Ein deutsches Meisterstück

Alles an diesem Gedicht ist vollkommen, Sprache, Gedanke,
Rhythmus, das einzige nur fehlt noch: es ist kein Gedicht.

Freund und Feind

Teuer ist mir der Freund, doch auch den Feind kann ich nützen,
Zeigt mir der Freund, was ich kann, lehrt mich der Feind,
was ich soll.

Das Tor

Schmeichelnd locke das Tor den Wilden herein zum Gesetze,
Froh in die freie Natur führ es den Bürger heraus.

ES GLÄNZEN VIELE IN DER WELT

Licht und Wärme

Der beßre Mensch tritt in die Welt
    Mit fröhlichem Vertrauen,
Er glaubt, was ihm die Seele schwellt,
    Auch außer sich zu schauen,
Und weiht, von edlem Eifer warm,
Der Wahrheit seinen treuen Arm.

Doch alles ist so klein, so eng,
    Hat er es erst erfahren,
Da sucht er in dem Weltgedräng
    Sich selbst nur zu bewahren,
Das Herz in kalter stolzer Ruh
Schließt endlich sich der Liebe zu.

Sie geben, ach! nicht immer Glut,
    Der Wahrheit helle Strahlen.
Wohl denen, die des Wissens Gut
    Nicht mit dem Herzen zahlen!
Drum paart, zu eurem schönsten Glück,
Mit Schwärmers Ernst des Weltmanns Blick.

Der Taucher

„Wer wagt es, Rittersmann oder Knapp,
Zu tauchen in diesen Schlund?
Einen goldnen Becher werf ich hinab,
Verschlungen schon hat ihn der schwarze Mund.
Wer mir den Becher kann wieder zeigen,
Er mag ihn behalten, er ist sein eigen."

Der König spricht es und wirft von der Höh
Der Klippe, die schroff und steil
Hinaushängt in die unendliche See,
Den Becher in der Charybde Geheul.
„Wer ist der Beherzte, ich frage wieder,
Zu tauchen in diese Tiefe nieder?"

Und die Ritter, die Knappen um ihn her
Vernehmens und schweigen still,
Sehen hinab in das wilde Meer,
Und keiner den Becher gewinnen will.
Und der König zum drittenmal wieder fraget:
„Ist keiner, der sich hinunterwaget?"

Doch alles noch stumm bleibt wie zuvor,
Und ein Edelknecht, sanft und keck,
Tritt aus der Knappen zagendem Chor,
Und den Gürtel wirft er, den Mantel weg,
Und alle die Männer umher und Frauen
Auf den herrlichen Jüngling verwundert schauen.

Und wie er tritt an des Felsen Hang
Und blickt in den Schlund hinab,
Die Wasser, die sie hinunterschlang,
Die Charybde jetzt brüllend wiedergab,

Und wie mit des fernen Donners Getose
Entstürzen sie schäumend dem finstern Schoße.

Und es wallet und siedet und brauset und zischt,
Wie wenn Wasser mit Feuer sich mengt,
Bis zum Himmel spritzet der dampfende Gischt,
Und Flut auf Flut sich ohn Ende drängt,
Und will sich nimmer erschöpfen und leeren,
Als wollte das Meer noch ein Meer gebären.

Doch endlich, da legt sich die wilde Gewalt,
Und schwarz aus dem weißen Schaum
Klafft hinunter ein gähnender Spalt,
Grundlos, als gings in den Höllenraum,
Und reißend sieht man die brandenden Wogen
Hinab in den strudelnden Trichter gezogen.

Jetzt schnell, eh die Brandung wiederkehrt,
Der Jüngling sich Gott befiehlt,
Und – ein Schrei des Entsetzens wird rings gehört,
Und schon hat ihn der Wirbel hinweggespült,
Und geheimnisvoll über dem kühnen Schwimmer
Schließt sich der Rachen, er zeigt sich nimmer.

Und stille wirds über dem Wasserschlund,
In der Tiefe nur brauset es hohl,
Und bebend hört man von Mund zu Mund:
„Hochherziger Jüngling, fahre wohl!"
Und hohler und hohler hört mans heulen,
Und es harrt noch mit bangem, mit schrecklichem Weilen.

Und wärfst du die Krone selber hinein
Und sprächst: Wer mir bringet die Kron,
Er soll sie tragen und König sein,

Mich gelüstete nicht nach dem teuren Lohn.
Was die heulende Tiefe da unten verhehle,
Das erzählt keine lebende glückliche Seele.

Wohl manches Fahrzeug, vom Strudel gefaßt,
Schoß gäh in die Tiefe hinab,
Doch zerschmettert nur rangen sich Kiel und Mast
Hervor aus dem alles verschlingenden Grab. –
Und heller und heller wie Sturmes Sausen
Hört mans näher und immer näher brausen.

Und es wallet und siedet und brauset und zischt,
Wie wenn Wasser mit Feuer sich mengt,
Bis zum Himmel spritzet der dampfende Gischt,
Und Well auf Well sich ohn Ende drängt,
Und wie mit des fernen Donners Getose
Entstürzt es brüllend dem finstern Schoße.

Und sieh! aus dem finster flutenden Schoß
Da hebet sichs schwanenweiß,
Und ein Arm und ein glänzender Nacken wird bloß,
Und es rudert mit Kraft und mit emsigem Fleiß,
Und er ists, und hoch in seiner Linken
Schwingt er den Becher mit freudigem Winken.

Und atmete lang und atmete tief
Und begrüßte das himmlische Licht.
Mit Frohlocken es einer dem andern rief:
„Er lebt! Er ist da! Es behielt ihn nicht.
Aus dem Grab, aus der strudelnden Wasserhöhle
Hat der Brave gerettet die lebende Seele."

Und er kommt, es umringt ihn die jubelnde Schar,
Zu des Königs Füßen er sinkt,

Den Becher reicht er ihm kniend dar,
Und der König der lieblichen Tochter winkt,
Die füllt ihn mit funkelndem Wein bis zum Rande,
Und der Jüngling sich also zum König wandte:

„Lang lebe der König! Es freue sich,
Wer da atmet im rosigten Licht!
Da unten aber ists fürchterlich,
Und der Mensch versuche die Götter nicht
Und begehre nimmer und nimmer zu schauen,
Was sie gnädig bedecken mit Nacht und Grauen.

Es riß mich hinunter blitzesschnell,
Da stürzt' mir aus felsigem Schacht
Wildflutend entgegen ein reißender Quell,
Mich packte des Doppelstroms wütende Macht,
Und wie einen Kreisel mit schwindelndem Drehen
Trieb michs um, ich konnte nicht widerstehen.

Da zeigte mir Gott, zu dem ich rief
In der höchsten schrecklichen Not,
Aus der Tiefe ragend ein Felsenriff,
Das erfaßt' ich behend und entrann dem Tod,
Und da hing auch der Becher an spitzen Korallen,
Sonst wär er ins Bodenlose gefallen.

Denn unter mir lags noch, bergetief,
In purpurner Finsternis da,
Und obs hier dem Ohre gleich ewig schlief,
Das Auge mit Schaudern hinuntersah,
Wie's von Salamandern und Molchen und Drachen
Sich regt' in dem furchtbaren Höllenrachen.

Schwarz wimmelten da, in grausem Gemisch,
Zu scheußlichen Klumpen geballt,
Der stachligte Roche, der Klippenfisch,
Des Hammers greuliche Ungestalt,
Und dräuend wies mir die grimmigen Zähne
Der entsetzliche Hai, des Meeres Hyäne.

Und da hing ich und wars mir mit Grausen bewußt,
Von der menschlichen Hülfe so weit,
Unter Larven die einzige fühlende Brust,
Allein in der gräßlichen Einsamkeit,
Tief unter dem Schall der menschlichen Rede
Bei den Ungeheuern der traurigen Öde.

Und schaudernd dacht ichs, da krochs heran,
Regte hundert Gelenke zugleich,
Will schnappen nach mir; in des Schreckens Wahn
Laß ich los der Koralle umklammerten Zweig,
Gleich faßt mich der Strudel mit rasendem Toben,
Doch es war mir zum Heil, er riß mich nach oben."

Der König darob sich verwundert schier
Und spricht: „Der Becher ist dein,
Und diesen Ring noch bestimm ich dir,
Geschmückt mit dem köstlichsten Edelgestein,
Versuchst dus noch einmal und bringst mir Kunde,
Was du sahst auf des Meeres tiefunterstem Grunde."

Das hörte die Tochter mit weichem Gefühl,
Und mit schmeichelndem Munde sie fleht:
„Laßt, Vater, genug sein das grausame Spiel,
Er hat Euch bestanden, was keiner besteht,
Und könnt Ihr des Herzens Gelüsten nicht zähmen,
So mögen die Ritter den Knappen beschämen."

Drauf der König greift nach dem Becher schnell,
In den Strudel ihn schleudert hinein:
„Und schaffst du den Becher mir wieder zur Stell,
So sollst du der trefflichste Ritter mir sein
Und sollst sie als Ehgemahl heut noch umarmen,
Die jetzt für dich bittet mit zartem Erbarmen."

Da ergreifts ihm die Seele mit Himmelsgewalt,
Und es blitzt aus den Augen ihm kühn,
Und er siehet erröten die schöne Gestalt
Und sieht sie erbleichen und sinken hin,
Da treibts ihn, den köstlichen Preis zu erwerben,
Und stürzt hinunter auf Leben und Sterben.

Wohl hört man die Brandung, wohl kehrt sie zurück,
Sie verkündigt der donnernde Schall,
Da bückt sichs hinunter mit liebendem Blick,
Es kommen, es kommen die Wasser all,
Sie rauschen herauf, sie rauschen nieder,
Den Jüngling bringt keines wieder.

Der Handschuh

Vor seinem Löwengarten,
Das Kampfspiel zu erwarten,
Saß König Franz,
Und um ihn die Großen der Krone,
Und rings auf hohem Balkone
Die Damen in schönem Kranz.

Und wie er winkt mit dem Finger,
Auf tut sich der weite Zwinger,
Und hinein mit bedächtigem Schritt

Ein Löwe tritt,
Und sieht sich stumm
Rings um,
Mit langem Gähnen,
Und schüttelt die Mähnen,
Und streckt die Glieder,
Und legt sich nieder.

Und der König winkt wieder,
Da öffnet sich behend
Ein zweites Tor,
Daraus rennt
Mit wildem Sprunge
Ein Tiger hervor.
Wie der den Löwen erschaut,
Brüllt er laut,
Schlägt mit dem Schweif
Einen furchtbaren Reif,
Und recket die Zunge,
Und im Kreise scheu
Umgeht er den Leu
Grimmig schnurrend;
Drauf streckt er sich murrend
Zur Seite nieder.
Und der König winkt wieder,
Da speit das doppelt geöffnete Haus
Zwei Leoparden auf einmal aus,
Die stürzen mit mutiger Kampfbegier
Auf das Tigertier,
Das packt sie mit seinen grimmigen Tatzen,
Und der Leu mit Gebrüll
Richtet sich auf, da wirds still,
Und herum im Kreis,

Von Mordsucht heiß,
Lagern die greulichen Katzen.

Da fällt von des Altans Rand
Ein Handschuh von schöner Hand
Zwischen den Tiger und den Leun
Mitten hinein.

Und zu Ritter Delorges spottenderweis
Wendet sich Fräulein Kunigund:
„Herr Ritter, ist Eure Lieb so heiß,
Wie Ihr mirs schwört zu jeder Stund,
Ei, so hebt mir den Handschuh auf."

Und der Ritter in schnellem Lauf
Steigt hinab in den furchtbarn Zwinger
Mit festem Schritte,
Und aus der Ungeheuer Mitte
Nimmt er den Handschuh mit keckem Finger.

Und mit Erstaunen und mit Grauen
Sehens die Ritter und Edelfrauen,
Und gelassen bringt er den Handschuh zurück.
Da schallt ihm sein Lob aus jedem Munde,
Aber mit zärtlichem Liebesblick –
Er verheißt ihm sein nahes Glück –
Empfängt ihn Fräulein Kunigunde.
Und er wirft ihr den Handschuh ins Gesicht:
„Den Dank, Dame, begehr ich nicht",
Und verläßt sie zur selben Stunde.

Hoffnung

Es reden und träumen die Menschen viel
  Von bessern künftigen Tagen,
Nach einem glücklichen goldenen Ziel
  Sieht man sie rennen und jagen.
Die Welt wird alt und wird wieder jung,
Doch der Mensch hofft immer Verbesserung.

Die Hoffnung führt ihn ins Leben ein,
  Sie umflattert den fröhlichen Knaben,
Den Jüngling locket ihr Zauberschein,
  Sie wird mit dem Greis nicht begraben,
Denn beschließt er im Grabe den müden Lauf,
Noch am Grabe pflanzt er – die Hoffnung auf.

Es ist kein leerer schmeichelnder Wahn,
  Erzeugt im Gehirne des Toren,
Im Herzen kündet es laut sich an:
  Zu was Besserm sind wir geboren!
Und was die innere Stimme spricht,
Das täuscht die hoffende Seele nicht.

Das Geheimnis

Sie konnte mir kein Wörtchen sagen,
  Zu viele Lauscher waren wach,
Den Blick nur durft ich schüchtern fragen,
  Und wohl verstand ich, was er sprach.
Leis komm ich her in deine Stille,
  Du schön belaubtes Buchenzelt,
Verbirg in deiner grünen Hülle
  Die Liebenden dem Aug der Welt.

Von ferne mit verworrnem Sausen
  Arbeitet der geschäftge Tag,
Und durch der Stimmen hohles Brausen
  Erkenn ich schwerer Hämmer Schlag.
So sauer ringt die kargen Lose
  Der Mensch dem harten Himmel ab,
Doch leicht erworben, aus dem Schoße
  Der Götter fällt das Glück herab.

Daß ja die Menschen nie es hören,
  Wie treue Lieb uns still beglückt!
Sie können nur die Freude stören,
  Weil Freude nie sie selbst entzückt.
Die Welt wird nie das Glück erlauben,
  Als Beute wird es nur gehascht,
Entwenden mußt dus oder rauben,
  Eh dich die Mißgunst überrascht.

Leis auf den Zehen kommts geschlichen,
  Die Stille liebt es und die Nacht,
Mit schnellen Füßen ists entwichen,
  Wo des Verräters Auge wacht.
O schlinge dich, du sanfte Quelle,
  Ein breiter Strom um uns herum,
Und drohend mit empörter Welle
  Verteidige dies Heiligtum!

Die Worte des Glaubens

Drei Worte nenn ich euch, inhaltschwer,
  Sie gehen von Munde zu Munde,
Doch stammen sie nicht von außen her,
  Das Herz nur gibt davon Kunde.

Dem Menschen ist aller Wert geraubt,
Wenn er nicht mehr an die drei Worte glaubt.

Der Mensch ist frei geschaffen, ist frei,
   Und würd er in Ketten geboren,
Laßt euch nicht irren des Pöbels Geschrei,
   Nicht den Mißbrauch rasender Toren.
Vor dem Sklaven, wenn er die Kette bricht,
Vor dem freien Menschen erzittert nicht.

Und die Tugend, sie ist kein leerer Schall,
   Der Mensch kann sie üben im Leben,
Und sollt er auch straucheln überall,
   Er kann nach der göttlichen streben,
Und was kein Verstand der Verständigen sieht,
Das übet in Einfalt ein kindlich Gemüt.

Und ein Gott ist, ein heiliger Wille lebt,
   Wie auch der menschliche wanke,
Hoch über der Zeit und dem Raume webt
   Lebendig der höchste Gedanke,
Und ob alles in ewigem Wechsel kreist,
Es beharret im Wechsel ein ruhiger Geist.

Die drei Worte bewahret euch, inhaltschwer,
   Sie pflanzet von Munde zu Munde,
Und stammen sie gleich nicht von außen her,
   Euer Innres gibt davon Kunde,
Dem Menschen ist nimmer sein Wert geraubt,
Solang er noch an die drei Worte glaubt.

Breite und Tiefe

Es glänzen viele in der Welt,
Sie wissen von allem zu sagen,
Und wo was reizet und wo was gefällt,
Man kann es bei ihnen erfragen,
Man dächte, hört man sie reden laut,
Sie hätten wirklich erobert die Braut.

Doch gehn sie aus der Welt ganz still,
Ihr Leben war verloren.
Wer etwas Treffliches leisten will,
Hätt gern was Großes geboren,
Der sammle still und unerschlafft
Im kleinsten Punkte die höchste Kraft.

Der Stamm erhebt sich in die Luft
Mit üppig prangenden Zweigen,
Die Blätter glänzen und hauchen Duft,
Doch können sie Früchte nicht zeugen,
Der Kern allein im schmalen Raum
Verbirgt den Stolz des Waldes, den Baum.

Und die Treue, sie ist doch kein leerer Wahn

Poesie des Lebens

An ***

„Wer möchte sich an Schattenbildern weiden,
Die mit erborgtem Schein das Wesen überkleiden,
Mit trügrischem Besitz die Hoffnung hintergehn?
Entblößt muß ich die Wahrheit sehn.
Soll gleich mit meinem Wahn mein ganzer Himmel schwinden,
Soll gleich den freien Geist, den der erhabne Flug
Ins grenzenlose Reich der Möglichkeiten trug,
Die Gegenwart mit strengen Fesseln binden,
Er lernt sich selber überwinden,
Ihn wird das heilige Gebot
Der Pflicht, das furchtbare der Not
Nur desto unterwürfger finden.
Wer schon der Wahrheit milde Herrschaft scheut,
Wie trägt er die Notwendigkeit?" –

So rufst du aus und blickst, mein strenger Freund,
Aus der Erfahrung sicherm Porte
Verwerfend hin auf alles, was nur scheint.
Erschreckt von deinem ernsten Worte
Entflieht der Liebesgötter Schar,
Der Musen Spiel verstummt, es ruhn der Horen Tänze,
Still traurend nehmen ihre Kränze
Die Schwestergöttinnen vom schön gelockten Haar,
Apoll zerbricht die goldne Leier,

Und Hermes seinen Wunderstab,
Des Traumes rosenfarbner Schleier
Fällt von des Lebens bleichem Antlitz ab,
Die Welt scheint, was sie ist, ein Grab.
Von seinen Augen nimmt die zauberische Binde
Cytherens Sohn, die Liebe sieht,
Sie sieht in ihrem Götterkinde
Den Sterblichen, erschrickt und flieht,
Der Schönheit Jugendbild veraltet,
Auf deinen Lippen selbst erkaltet
Der Liebe Kuß, und in der Freude Schwung
Ergreift dich die Versteinerung.

Die Bürgschaft

Zu Dionys, dem Tyrannen, schlich
Möros, den Dolch im Gewande;
Ihn schlugen die Häscher in Bande.
„Was wolltest du mit dem Dolche, sprich!"
Entgegnet ihm finster der Wüterich.
„Die Stadt vom Tyrannen befreien!"
„Das sollst du am Kreuze bereuen."

„Ich bin", spricht jener, „zu sterben bereit
Und bitte nicht um mein Leben,
Doch willst du Gnade mir geben,
Ich flehe dich um drei Tage Zeit,
Bis ich die Schwester dem Gatten gefreit,
Ich lasse den Freund dir als Bürgen,
Ihn magst du, entrinn ich, erwürgen."

Da lächelt der König mit arger List
Und spricht nach kurzem Bedenken:

„Drei Tage will ich dir schenken.
Doch wisse! Wenn sie verstrichen, die Frist,
Eh du zurück mir gegeben bist,
So muß er statt deiner erblassen,
Doch dir ist die Strafe erlassen."

Und er kommt zum Freunde: „Der König gebeut,
Daß ich am Kreuz mit dem Leben
Bezahle das frevelnde Streben,
Doch will er mir gönnen drei Tage Zeit,
Bis ich die Schwester dem Gatten gefreit,
So bleib du dem König zum Pfande,
Bis ich komme, zu lösen die Bande."

Und schweigend umarmt ihn der treue Freund
Und liefert sich aus dem Tyrannen,
Der andere ziehet von dannen.
Und ehe das dritte Morgenrot scheint,
Hat er schnell mit dem Gatten die Schwester vereint,
Eilt heim mit sorgender Seele,
Damit er die Frist nicht verfehle.

Da gießt unendlicher Regen herab,
Von den Bergen stürzen die Quellen,
Und die Bäche, die Ströme schwellen.
Und er kommt ans Ufer mit wanderndem Stab,
Da reißet die Brücke der Strudel hinab,
Und donnernd sprengen die Wogen
Des Gewölbes krachenden Bogen.

Und trostlos irrt er an Ufers Rand,
Wie weit er auch spähet und blicket
Und die Stimme, die rufende, schicket,
Da stößet kein Nachen vom sichern Strand,

Der ihn setze an das gewünschte Land,
Kein Schiffer lenket die Fähre,
Und der wilde Strom wird zum Meere.

Da sinkt er ans Ufer und weint und fleht,
Die Hände zum Zeus erhoben:
„O hemme des Stromes Toben!
Es eilen die Stunden, im Mittag steht
Die Sonne, und wenn sie niedergeht
Und ich kann die Stadt nicht erreichen,
So muß der Freund mir erbleichen."

Doch wachsend erneut sich des Stromes Wut,
Und Welle auf Welle zerrinnet,
Und Stunde an Stunde entrinnet.
Da treibt ihn die Angst, da faßt er sich Mut
Und wirft sich hinein in die brausende Flut
Und teilt mit gewaltigen Armen
Den Strom, und ein Gott hat Erbarmen.

Und gewinnt das Ufer und eilet fort
Und danket dem rettenden Gotte,
Da stürzet die raubende Rotte
Hervor aus des Waldes nächtlichem Ort,
Den Pfad ihm sperrend, und schnaubet Mord
Und hemmet des Wanderers Eile
Mit drohend geschwungener Keule.

„Was wollt ihr?" ruft er, für Schrecken bleich,
„Ich habe nichts als mein Leben,
Das muß ich dem Könige geben!"
Und entreißt die Keule dem nächsten gleich:
„Um des Freundes willen erbarmet euch!"

Und drei mit gewaltigen Streichen
Erlegt er, die andern entweichen.

Und die Sonne versendet glühenden Brand,
Und von der unendlichen Mühe
Ermattet sinken die Kniee.
„O hast du mich gnädig aus Räubershand,
Aus dem Strom mich gerettet ans heilige Land,
Und soll hier verschmachtend verderben,
Und der Freund mir, der liebende, sterben!"

Und horch! da sprudelt es silberhell,
Ganz nahe, wie rieselndes Rauschen,
Und stille hält er, zu lauschen,
Und sieh, aus dem Felsen, geschwätzig, schnell,
Springt murmelnd hervor ein lebendiger Quell,
Und freudig bückt er sich nieder
Und erfrischet die brennenden Glieder.

Und die Sonne blickt durch der Zweige Grün
Und malt auf den glänzenden Matten
Der Bäume gigantische Schatten;
Und zwei Wanderer sieht er die Straße ziehn,
Will eilenden Laufes vorüberfliehn,
Da hört er die Worte sie sagen:
„Jetzt wird er ans Kreuz geschlagen."

Und die Angst beflügelt den eilenden Fuß,
Ihn jagen der Sorge Qualen,
Da schimmern in Abendrots Strahlen
Von ferne die Zinnen von Syrakus,
Und entgegen kommt ihm Philostratus,
Des Hauses redlicher Hüter,
Der erkennet entsetzt den Gebieter:

„Zurück! du rettest den Freund nicht mehr,
So rette das eigene Leben!
Den Tod erleidet er eben.
Von Stunde zu Stunde gewartet' er
Mit hoffender Seele der Wiederkehr,
Ihm konnte den mutigen Glauben
Der Hohn des Tyrannen nicht rauben."

„Und ist es zu spät, und kann ich ihm nicht
Ein Retter willkommen erscheinen,
So soll mich der Tod ihm vereinen.
Des rühme der blutge Tyrann sich nicht,
Daß der Freund dem Freunde gebrochen die Pflicht,
Er schlachte der Opfer zweie
Und glaube an Liebe und Treue."

Und die Sonne geht unter, da steht er am Tor
Und sieht das Kreuz schon erhöhet,
Das die Menge gaffend umstehet,
An dem Seile schon zieht man den Freund empor,
Da zertrennt er gewaltig den dichten Chor:
„Mich, Henker!" ruft er, „erwürget!
Da bin ich, für den er gebürget!"

Und Erstaunen ergreifet das Volk umher,
In den Armen liegen sich beide
Und weinen für Schmerzen und Freude.
Da sieht man kein Auge tränenleer,
Und zum Könige bringt man die Wundermär,
Der fühlt ein menschliches Rühren,
Läßt schnell vor den Thron sie führen.

Und blicket sie lange verwundert an.
Drauf spricht er: „Es ist euch gelungen,

Ihr habt das Herz mir bezwungen,
Und die Treue, sie ist doch kein leerer Wahn,
So nehmet auch mich zum Genossen an,
Ich sei, gewährt mir die Bitte,
In eurem Bunde der Dritte."

Das Lied von der Glocke

Vivos voco
Mortuos plango
Fulgura frango

Fest gemauert in der Erden
Steht die Form, aus Lehm gebrannt.
Heute muß die Glocke werden,
Frisch, Gesellen, seid zur Hand.
   Von der Stirne heiß
   Rinnen muß der Schweiß,
Soll das Werk den Meister loben,
Doch der Segen kommt von oben.

Zum Werke, das wir ernst bereiten,
Geziemt sich wohl ein ernstes Wort;
Wenn gute Reden sie begleiten,
Dann fließt die Arbeit munter fort.
So laßt uns jetzt mit Fleiß betrachten,
Was durch die schwache Kraft entspringt,
Den schlechten Mann muß man verachten,
Der nie bedacht, was er vollbringt.
Das ists ja, was den Menschen zieret,
Und dazu ward ihm der Verstand,
Daß er im innern Herzen spüret,
Was er erschafft mit seiner Hand.

Nehmet Holz vom Fichtenstamme,
Doch recht trocken laßt es sein,
Daß die eingepreßte Flamme
Schlage zu dem Schwalch hinein.
　　Kocht des Kupfers Brei,
　　Schnell das Zinn herbei,
Daß die zähe Glockenspeise
Fließe nach der rechten Weise.

Was in des Dammes tiefer Grube
Die Hand mit Feuers Hülfe baut,
Hoch auf des Turmes Glockenstube
Da wird es von uns zeugen laut.
Noch dauern wirds in späten Tagen
Und rühren vieler Menschen Ohr
Und wird mit dem Betrübten klagen
Und stimmen zu der Andacht Chor.
Was unten tief dem Erdensohne
Das wechselnde Verhängnis bringt,
Das schlägt an die metallne Krone,
Die es erbaulich weiterklingt.

Weiße Blasen seh ich springen,
Wohl! die Massen sind im Fluß.
Laßts mit Aschensalz durchdringen,
Das befördert schnell den Guß.
　　Auch von Schaume rein
　　Muß die Mischung sein,
Daß vom reinlichen Metalle
Rein und voll die Stimme schalle.

Denn mit der Freude Feierklange
Begrüßt sie das geliebte Kind
Auf seines Lebens erstem Gange,

Den es in Schlafes Arm beginnt;
Ihm ruhen noch im Zeitenschoße
Die schwarzen und die heitern Lose,
Der Mutterliebe zarte Sorgen
Bewachen seinen goldnen Morgen. –
Die Jahre fliehen pfeilgeschwind.
Vom Mädchen reißt sich stolz der Knabe,
Er stürmt ins Leben wild hinaus,
Durchmißt die Welt am Wanderstabe.
Fremd kehrt er heim ins Vaterhaus,
Und herrlich, in der Jugend Prangen,
Wie ein Gebild aus Himmelshöhn,
Mit züchtigen, verschämten Wangen
Sieht er die Jungfrau vor sich stehn.
Da faßt ein namenloses Sehnen
Des Jünglings Herz, er irrt allein,
Aus seinen Augen brechen Tränen,
Er flieht der Brüder wilden Reihn.
Errötend folgt er ihren Spuren
Und ist von ihrem Gruß beglückt,
Das Schönste sucht er auf den Fluren,
Womit er seine Liebe schmückt.
O! zarte Sehnsucht, süßes Hoffen,
Der ersten Liebe goldne Zeit,
Das Auge sieht den Himmel offen,
Es schwelgt das Herz in Seligkeit.
O! daß sie ewig grünen bliebe,
Die schöne Zeit der jungen Liebe!

Wie sich schon die Pfeifen bräunen!
Dieses Stäbchen tauch ich ein,
Sehn wirs überglast erscheinen,
Wirds zum Gusse zeitig sein.
      Jetzt, Gesellen, frisch!

Prüft mir das Gemisch,
Ob das Spröde mit dem Weichen
Sich vereint zum guten Zeichen.

Denn wo das Strenge mit dem Zarten,
Wo Starkes sich und Mildes paarten,
Da gibt es einen guten Klang.
Drum prüfe, wer sich ewig bindet,
Ob sich das Herz zum Herzen findet!
Der Wahn ist kurz, die Reu ist lang.
Lieblich in der Bräute Locken
Spielt der jungfräuliche Kranz,
Wenn die hellen Kirchenglocken
Laden zu des Festes Glanz.
Ach! des Lebens schönste Feier
Endigt auch den Lebensmai,
Mit dem Gürtel, mit dem Schleier
Reißt der schöne Wahn entzwei.
Die Leidenschaft flieht!
Die Liebe muß bleiben,
Die Blume verblüht,
Die Frucht muß treiben.
Der Mann muß hinaus
Ins feindliche Leben,
Muß wirken und streben
Und pflanzen und schaffen,
Erlisten, erraffen,
Muß wetten und wagen,
Das Glück zu erjagen.
Da strömet herbei die unendliche Gabe,
Es füllt sich der Speicher mit köstlicher Habe,
Die Räume wachsen, es dehnt sich das Haus.
Und drinnen waltet
Die züchtige Hausfrau,

Die Mutter der Kinder,
Und herrschet weise
Im häuslichen Kreise,
Und lehret die Mädchen
Und wehret den Knaben,
Und reget ohn Ende
Die fleißigen Hände,
Und mehrt den Gewinn
Mit ordnendem Sinn.
Und füllet mit Schätzen die duftenden Laden,
Und dreht um die schnurrende Spindel den Faden,
Und sammelt im reinlich geglätteten Schrein
Die schimmernde Wolle, den schneeigten Lein,
Und füget zum Guten den Glanz und den Schimmer,
Und ruhet nimmer.

Und der Vater mit frohem Blick
Von des Hauses weitschauendem Giebel
Überzählet sein blühend Glück,
Siehet der Pfosten ragende Bäume
Und der Scheunen gefüllte Räume
Und die Speicher, vom Segen gebogen,
Und des Kornes bewegte Wogen,
Rühmt sich mit stolzem Mund:
Fest, wie der Erde Grund,
Gegen des Unglücks Macht
Steht mir des Hauses Pracht!
Doch mit des Geschickes Mächten
Ist kein ewger Bund zu flechten,
Und das Unglück schreitet schnell.

Wohl! Nun kann der Guß beginnen,
Schön gezacket ist der Bruch.
Doch, bevor wirs lassen rinnen,

Betet einen frommen Spruch!
   Stoßt den Zapfen aus!
   Gott bewahr das Haus.
Rauchend in des Henkels Bogen
Schießts mit feuerbraunen Wogen.

Wohltätig ist des Feuers Macht,
Wenn sie der Mensch bezähmt, bewacht,
Und was er bildet, was er schafft,
Das dankt er dieser Himmelskraft,
Doch furchtbar wird die Himmelskraft,
Wenn sie der Fessel sich entrafft,
Einhertritt auf der eignen Spur
Die freie Tochter der Natur.
Wehe, wenn sie losgelassen
Wachsend ohne Widerstand
Durch die volkbelebten Gassen
Wälzt den ungeheuren Brand!
Denn die Elemente hassen
Das Gebild der Menschenhand.
Aus der Wolke
Quillt der Segen,
Strömt der Regen,
Aus der Wolke, ohne Wahl,
Zuckt der Strahl!
Hört ihrs wimmern hoch vom Turm?
Das ist Sturm!
Rot wie Blut
Ist der Himmel,
Das ist nicht des Tages Glut!
Welch Getümmel
Straßen auf!
Dampf wallt auf!
Flackernd steigt die Feuersäule,

Durch der Straße lange Zeile
Wächst es fort mit Windeseile,
Kochend wie aus Ofens Rachen
Glühn die Lüfte, Balken krachen,
Pfosten stürzen, Fenster klirren,
Kinder jammern, Mütter irren,
Tiere wimmern
Unter Trümmern,
Alles rennet, rettet, flüchtet,
Taghell ist die Nacht gelichtet,
Durch der Hände lange Kette
Um die Wette
Fliegt der Eimer, hoch im Bogen
Sprützen Quellen, Wasserwogen.
Heulend kommt der Sturm geflogen,
Der die Flamme brausend sucht.
Prasselnd in die dürre Frucht
Fällt sie, in des Speichers Räume,
In der Sparren dürre Bäume,
Und als wollte sie im Wehen
Mit sich fort der Erde Wucht
Reißen, in gewaltger Flucht,
Wächst sie in des Himmels Höhen
Rießengroß!
Hoffnungslos
Weicht der Mensch der Götterstärke,
Müßig sieht er seine Werke
Und bewundernd untergehen.

Leergebrannt
Ist die Stätte,
Wilder Stürme rauhes Bette,
In den öden Fensterhöhlen
Wohnt das Grauen,

Und des Himmels Wolken schauen
Hoch hinein.

Einen Blick
Nach dem Grabe
Seiner Habe
Sendet noch der Mensch zurück –
Greift fröhlich dann zum Wanderstabe,
Was Feuers Wut ihm auch geraubt,
Ein süßer Trost ist ihm geblieben,
Er zählt die Häupter seiner Lieben,
Und sieh! ihm fehlt kein teures Haupt.

In die Erd ists aufgenommen,
Glücklich ist die Form gefüllt,
Wirds auch schön zutage kommen,
Daß es Fleiß und Kunst vergilt?
    Wenn der Guß mißlang?
    Wenn die Form zersprang?
Ach! vielleicht, indem wir hoffen,
Hat uns Unheil schon getroffen.

Dem dunkeln Schoß der heilgen Erde
Vertrauen wir der Hände Tat,
Vertraut der Sämann seine Saat
Und hofft, daß sie entkeimen werde
Zum Segen, nach des Himmels Rat.
Noch köstlicheren Samen bergen
Wir traurend in der Erde Schoß
Und hoffen, daß er aus den Särgen
Erblühen soll zu schönerm Los.

Von dem Dome,
Schwer und bang,

Tönt die Glocke
Grabgesang.
Ernst begleiten ihre Trauerschläge
Einen Wandrer auf dem letzten Wege.

Ach! die Gattin ists, die teure,
Ach! es ist die treue Mutter,
Die der schwarze Fürst der Schatten
Wegführt aus dem Arm des Gatten,
Aus der zarten Kinder Schar,
Die sie blühend ihm gebar,
Die sie an der treuen Brust
Wachsen sah mit Mutterlust –
Ach! des Hauses zarte Bande
Sind gelöst auf immerdar,
Denn sie wohnt im Schattenlande,
Die des Hauses Mutter war,
Denn es fehlt ihr treues Walten,
Ihre Sorge wacht nicht mehr,
An verwaister Stätte schalten
Wird die Fremde, liebeleer.

Bis die Glocke sich verkühlet,
Laßt die strenge Arbeit ruhn,
Wie im Laub der Vogel spielet,
Mag sich jeder gütlich tun.
    Winkt der Sterne Licht,
    Ledig aller Pflicht
Hört der Pursch die Vesper schlagen,
Meister muß sich immer plagen.

Munter fördert seine Schritte
Fern im wilden Forst der Wandrer
Nach der lieben Heimathütte.

Blökend ziehen
Heim die Schafe,
Und der Rinder
Breitgestirnte, glatte Scharen
Kommen brüllend,
Die gewohnten Ställe füllend.
Schwer herein
Schwankt der Wagen,
Kornbeladen,
Bunt von Farben
Auf den Garben
Liegt der Kranz,
Und das junge Volk der Schnitter
Fliegt zum Tanz.
Markt und Straße werden stiller,
Um des Lichts gesellge Flamme
Sammeln sich die Hausbewohner,
Und das Stadttor schließt sich knarrend.
Schwarz bedecket
Sich die Erde,
Doch den sichern Bürger schrecket
Nicht die Nacht,
Die den Bösen gräßlich wecket,
Denn das Auge des Gesetzes wacht.

Heilge Ordnung, segenreiche
Himmelstochter, die das Gleiche
Frei und leicht und freudig bindet,
Die der Städte Bau gegründet,
Die herein von den Gefilden
Rief den ungesellgen Wilden,
Eintrat in der Menschen Hütten,
Sie gewöhnt zu sanften Sitten

Und das teuerste der Bande
Wob, den Trieb zum Vaterlande!

Tausend fleißge Hände regen,
Helfen sich in munterm Bund,
Und in feurigem Bewegen
Werden alle Kräfte kund.
Meister rührt sich und Geselle
In der Freiheit heilgem Schutz.
Jeder freut sich seiner Stelle,
Bietet dem Verächter Trutz.
Arbeit ist des Bürgers Zierde,
Segen ist der Mühe Preis,
Ehrt den König seine Würde,
Ehret *uns* der Hände Fleiß.

Holder Friede,
Süße Eintracht,
Weilet, weilet
Freundlich über dieser Stadt!
Möge nie der Tag erscheinen,
Wo des rauhen Krieges Horden
Dieses stille Tal durchtoben,
Wo der Himmel,
Den des Abends sanfte Röte
Lieblich malt,
Von der Dörfer, von der Städte
Wildem Brande schrecklich strahlt!

Nun zerbrecht mir das Gebäude,
Seine Absicht hats erfüllt,
Daß sich Herz und Auge weide
An dem wohlgelungnen Bild.
    Schwingt den Hammer, schwingt,

Bis der Mantel springt,
Wenn die Glock soll auferstehen,
Muß die Form in Stücken gehen.

Der Meister kann die Form zerbrechen
Mit weiser Hand, zur rechten Zeit,
Doch wehe, wenn in Flammenbächen
Das glühnde Erz sich selbst befreit!
Blindwütend mit des Donners Krachen
Zersprengt es das geborstne Haus,
Und wie aus offnem Höllenrachen
Speit es Verderben zündend aus;
Wo rohe Kräfte sinnlos walten,
Da kann sich kein Gebild gestalten,
Wenn sich die Völker selbst befrein,
Da kann die Wohlfahrt nicht gedeihn.

Weh, wenn sich in dem Schoß der Städte
Der Feuerzunder still gehäuft,
Das Volk, zerreißend seine Kette,
Zur Eigenhilfe schrecklich greift!
Da zerret an der Glocke Strängen
Der Aufruhr, daß sie heulend schallt
Und, nur geweiht zu Friedensklängen,
Die Losung anstimmt zur Gewalt.

Freiheit und Gleichheit! hört man schallen,
Der ruhge Bürger greift zur Wehr,
Die Straßen füllen sich, die Hallen,
Und Würgerbanden ziehn umher,
Da werden Weiber zu Hyänen
Und treiben mit Entsetzen Scherz,
Noch zuckend, mit des Panthers Zähnen,
Zerreißen sie des Feindes Herz.

Nichts Heiliges ist mehr, es lösen
Sich alle Bande frommer Scheu,
Der Gute räumt den Platz dem Bösen,
Und alle Laster walten frei.
Gefährlich ists, den Leu zu wecken,
Verderblich ist des Tigers Zahn,
Jedoch der schrecklichste der Schrecken,
Das ist der Mensch in seinem Wahn.
Weh denen, die dem Ewigblinden
Des Lichtes Himmelsfackel leihn!
Sie strahlt ihm nicht, sie kann nur zünden
Und äschert Städt und Länder ein.

Freude hat mir Gott gegeben!
Sehet! wie ein goldner Stern
Aus der Hülse, blank und eben,
Schält sich der metallne Kern.
    Von dem Helm zum Kranz
    Spielts wie Sonnenglanz,
Auch des Wappens nette Schilder
Loben den erfahrnen Bilder.

Herein! herein!
Gesellen alle, schließt den Reihen,
Daß wir die Glocke taufend weihen,
Concordia soll ihr Name sein,
Zur Eintracht, zu herzinnigem Vereine
Versammle sie die liebende Gemeine.

Und dies sei fortan ihr Beruf,
Wozu der Meister sie erschuf!
Hoch überm niedern Erdenleben
Soll sie in blauem Himmelszelt
Die Nachbarin des Donners schweben

Und grenzen an die Sternenwelt,
Soll eine Stimme sein von oben,
Wie der Gestirne helle Schar,
Die ihren Schöpfer wandelnd loben
Und führen das bekränzte Jahr.
Nur ewigen und ernsten Dingen
Sei ihr metallner Mund geweiht,
Und stündlich mit den schnellen Schwingen
Berühr im Fluge sie die Zeit,
Dem Schicksal leihe sie die Zunge,
Selbst herzlos, ohne Mitgefühl,
Begleite sie mit ihrem Schwunge
Des Lebens wechselvolles Spiel.
Und wie der Klang im Ohr vergehet,
Der mächtig tönend ihr entschallt,
So lehre sie, daß nichts bestehet,
Das alles Irdische verhallt.

Jetzo mit der Kraft des Stranges
Wiegt die Glock mir aus der Gruft,
Daß sie in das Reich des Klanges
Steige, in die Himmelsluft.
　　Ziehet, ziehet, hebt!
　　Sie bewegt sich, schwebt,
Freude dieser Stadt bedeute,
Friede sei ihr erst Geläute.

WO VIEL FREIHEIT, IST VIEL IRRTUM

Wallenstein

Prolog

Denn wer den Besten seiner Zeit genug
Getan, der hat gelebt für alle Zeiten.
[...]
Denn nur der große Gegenstand vermag
Den tiefen Grund der Menschheit aufzuregen,
Im engen Kreis verengert sich der Sinn,
Es wächst der Mensch mit seinen größern Zwecken.

Die Piccolomini IV 1

TERZKY: Dem Undankbaren dient kein rechter Mann!

Wallensteins Tod I 4

WALLENSTEIN *mit sich selbst redend.*
Wärs möglich? Könnt ich nicht mehr, wie ich wollte?
Nicht mehr zurück, wie mirs beliebt? Ich müßte
Die Tat vollbringen, weil ich sie gedacht,
Nicht die Versuchung von mir wies – das Herz
Genährt mit diesem Traum, auf ungewisse
Erfüllung hin die Mittel mir gespart,
Die Wege bloß mir offen hab gehalten? –
Beim großen Gott des Himmels! Es war nicht
Mein Ernst, beschloßne Sache war es nie.
In dem Gedanken bloß gefiel ich mir;
Die Freiheit reizte mich und das Vermögen.

Wars unrecht, an dem Gaukelbilde mich
Der königlichen Hoffnung zu ergötzen?
Blieb in der Brust mir nicht der Wille frei,
Und sah ich nicht den guten Weg zur Seite,
Der mir die Rückkehr offen stets bewahrte?
Wohin denn seh ich plötzlich mich geführt?
Bahnlos liegts hinter mir, und eine Mauer
Aus meinen eignen Werten baut sich auf,
Die mir die Umkehr türmend hemmt! –

Er bleibt tiefsinnig stehen.

Strafbar erschein ich, und ich kann die Schuld,
Wie ichs versuchen mag! nicht von mir wälzen;
Denn mich verklagt der Doppelsinn des Lebens,
Und – selbst der frommen Quelle reine Tat
Wird der Verdacht, schlimmdeutend, mir vergiften.
War ich, wofür ich gelte, der Verräter,
Ich hätte mir den guten Schein gespart,
Die Hülle hätt ich dicht um mich gezogen,
Dem Unmut Stimme nie geliehn. Der Unschuld,
Des unverführten Willens mir bewußt,
Gab ich der Laune Raum, der Leidenschaft –
Kühn war das Wort, weil es die Tat nicht war.
Jetzt werden sie, was planlos ist geschehn,
Weitsehend, planvoll mir zusammenknüpfen,
Und was der Zorn, und was der frohe Mut
Mich sprechen ließ im Überfluß des Herzens,
Zu künstlichem Gewebe mir vereinen,
Und eine Klage furchtbar draus bereiten,
Dagegen ich verstummen muß. So hab ich
Mit eignem Netz verderblich mich umstrickt,
Und nur Gewalttat kann es reißend lösen.

Wiederum still stehend.

Wie anders! da des Mutes freier Trieb
Zur kühnen Tat mich zog, die rauh gebietend

Die Not jetzt, die Erhaltung von mir heischt.
Ernst ist der Anblick der Notwendigkeit.
Nicht ohne Schauder greift des Menschen Hand
In des Geschicks geheimnisvolle Urne.
In meiner Brust war meine Tat noch mein:
Einmal entlassen aus dem sichern Winkel
Des Herzens, ihrem mütterlichen Boden,
Hinausgegeben in des Lebens Fremde,
Gehört sie jenen tückschen Mächten an,
Die keines Menschen Kunst vertraulich macht.

Er macht heftige Schritte durchs Zimmer,
dann bleibt er wieder sinnend stehen.

Und was ist dein Beginnen? Hast du dirs
Auch redlich selbst bekannt? Du willst die Macht,
Die ruhig, sicher thronende erschüttern,
Die in verjährt geheiligtem Besitz,
In der Gewohnheit festgegründet ruht,
Die an der Völker frommem Kinderglauben
Mit tausend zähen Wurzeln sich befestigt.
Das wird kein Kampf der Kraft sein mit der Kraft,
Den fürcht ich nicht. Mit jedem Gegner wag ichs,
Den ich kann sehen und ins Auge fassen,
Der, selbst voll Mut, auch mir den Mut entflammt.
Ein unsichtbarer Feind ists, den ich fürchte,
Der in der Menschen Brust mir widersteht,
Durch feige Furcht allein mir fürchterlich –
Nicht was lebendig, kraftvoll sich verkündigt,
Ist das gefährlich Furchtbare. Das ganz
Gemeine ists, das ewig Gestrige,
Was immer war und immer wiederkehrt,
Und morgen gilt, weils heute hat gegolten!
Denn aus Gemeinem ist der Mensch gemacht,
Und die Gewohnheit nennt er seine Amme.
Weh dem, der an den würdig alten Hausrat

Ihm rührt, das teure Erbstück seiner Ahnen!
Das Jahr übt eine heiligende Kraft,
Was grau für Alter ist, das ist ihm göttlich.
Sei im Besitze und du wohnst im Recht,
Und heilig wirds die Menge dir bewahren.

Wallensteins Tod I 7

WALLENSTEIN: Frohlocke nicht
Denn eifersüchtig sind des Schicksals Mächte.
Voreilig Jauchzen greift in ihre Rechte.
Den Samen legen wir in ihre Hände,
Ob Glück, ob Unglück aufgeht, lehrt das Ende.

Wallensteins Tod IV 2

BUTTLER: Laßt Euch das enggebundene Vermögen
Nicht leid tun. Wo viel Freiheit, ist viel Irrtum,
Doch sicher ist der schmale Weg der Pflicht.

Wallensteins Tod IV 12

THEKLA: Sein Geist ists, der mich ruft. Es ist die Schar
Der Treuen, die sich rächend ihm geopfert.
Unedler Säumnis klagen sie mich an.
Sie wollten auch im Tod nicht von ihm lassen,
Der ihres Lebens Führer war – Das taten
Die rohen Herzen, und ich sollte leben!
– Nein! Auch für mich ward jener Lorbeerkranz,
Der deine Totenbahre schmückt, gewunden.
Was ist das Leben ohne Liebesglanz?
Ich werf es hin, da sein Gehalt verschwunden.
Ja, da ich dich, den Liebenden gefunden,
Da war das Leben etwas. Glänzend lag
Vor mir der neue goldne Tag!
Mir träumte von zwei himmelschönen Stunden.

Du standest an dem Eingang in die Welt,
Die ich betrat mit klösterlichem Zagen,
Sie war von tausend Sonnen aufgehellt,
Ein guter Engel schienst du hingestellt,
Mich aus der Kindheit fabelhaften Tagen
Schnell auf des Lebens Gipfel hinzutragen,
Mein erst Empfinden war des Himmels Glück,
In dein Herz fiel mein erster Blick!

> *Sie sinkt hier in Nachdenken, und fährt*
> *dann mit Zeichen des Grauens auf.*

– Da kommt das Schicksal – Roh und kalt
Faßt es des Freundes zärtliche Gestalt
Und wirft ihn unter den Hufschlag seiner Pferde –
– Das ist das Los des Schönen auf der Erde!

Nänie

Auch das Schöne muß sterben! Das Menschen und Götter bezwinget,
    Nicht die eherne Brust rührt es des stygischen Zeus.
Einmal nur erweichte die Liebe den Schattenbeherrscher,
    Und an der Schwelle noch, streng, rief er zurück sein Geschenk.
Nicht stillt Aphrodite dem schönen Knaben die Wunde,
    Die in den zierlichen Leib grausam der Eber geritzt.
Nicht errettet den göttlichen Held die unsterbliche Mutter,
    Wann er, am skäischen Tor fallend, sein Schicksal erfüllt.
Aber sie steigt aus dem Meer mit allen Töchtern des Nereus,
    Und die Klage hebt an um den verherrlichten Sohn.
Siehe! Da weinen die Götter, es weinen die Göttinnen alle,
    Daß das Schöne vergeht, daß das Vollkommene stirbt.
Auch ein Klaglied zu sein im Mund der Geliebten, ist herrlich,
    Denn das Gemeine geht klanglos zum Orkus hinab.

Denn Soldaten, Helden und Herrscher habe ich vor jetzt herzlich satt

**An Johann Wolfgang Goethe,
Jena 19. März 1799**

Ich habe mich schon lange vor dem Augenblick gefürchtet, den ich so sehr wünschte, meines Werks los zu sein; und in der Tat befinde ich mich bei meiner jetzigen Freiheit schlimmer als der bisherigen Sklaverei. Die Masse, die mich bisher anzog und fest hielt, ist nun auf einmal weg, und mir dünkt als wenn ich bestimmungslos im luftleeren Raume hinge. Zugleich ist mir, als wenn es absolut unmöglich wäre, daß ich wieder etwas hervorbringen könnte; ich werde nicht eher ruhig sein, bis ich meine Gedanken wieder auf einen bestimmten Stoff mit Hoffnung und Neigung gerichtet sehe. Habe ich wieder eine Bestimmung, so werde ich dieser Unruhe los sein, die mich jetzt auch von kleineren Unternehmungen abzieht. Ich werde Ihnen, wenn Sie hier sind, einige tragische Stoffe, von freier Erfindung, vorlegen, um nicht in der ersten Instanz, in dem Gegenstande, einen Mißgriff zu tun. Neigung und Bedürfnis ziehen mich zu einem frei phantasierten, nicht historischen, und zu einem bloß leidenschaftlichen und menschlichen Stoff; denn Soldaten, Helden und Herrscher habe ich vor jetzt herzlich satt.

Wie beneide ich Sie um Ihre jetzige nächste Tätigkeit. Sie stehen auf dem reinsten und höchsten poetischen Boden, in der schönsten Welt bestimmter Gestalten, wo alles gemacht ist und alles wieder zu machen ist. Sie wohnen gleichsam im

Hause der Poesie, wo Sie von Göttern bedient werden. Ich habe in diesen Tagen wieder den Homer vorgehabt und den Besuch der Thetis beim Vulcan mit unendlichem Vergnügen gelesen. In der anmutigen Schilderung eines Hausbesuchs, wie man ihn alle Tage erfahren kann, in der Beschreibung eines handwerksmäßigen Geschäfts ist ein unendliches in Stoff und Form enthalten, und das naive hat den ganzen Gehalt des göttlichen.

An Friedrich Hölderlin, Jena 24. August 1799

Gern, mein wertester Freund! würde ich Ihr Verlangen wegen der Beiträge zu Ihrer Zeitschrift erfüllen, wenn ich nicht so arm an Zeit und so eng an mein gegenwärtiges Geschäft gebunden wäre, daß ich selbst meinen Musenalmanach dieses Jahr ohne Beiträge lassen, oder doch sehr mager damit ausstatten werde und ihn für die Zukunft vielleicht ganz aufgebe, weil ich mich von jedem Geschäfte, das sich mit meiner absoluten Unabhängigkeit nicht verträgt, lossagen muß. Die Erfahrungen, die ich als Herausgeber periodischer Schriften seit 16 Jahren gemacht, da ich nicht weniger als fünf verschiedene Fahrzeuge auf die klippenvollen Meere der Literatur geführt habe, sind so wenig günstig, tröstlich, daß ich Ihnen als ein aufrichtiger Freund nicht raten kann, ein Ähnliches zu tun. Vielmehr komme ich auf meinen alten Rat zurück, daß Sie sich ruhig und unabhängig auf einen bestimmten Kreis des Wirkens konzentrieren möchten. Auch selbst in Rücksicht auf das Lukrative, die wir Poeten oft nicht umgehen können, ist der Weg periodischer Werke nur scheinbar vorteilhaft, und bei einem unbedeutenden Anfänger von Verleger ohne einen gewissen Rückhalt von eigenem Vermögen, der ihm verstattet einen kleinen Stoß zu verschmerzen, ist es vollends nicht zu wagen.

Wie sehr wünschte ich, daß ich Ihnen nicht bloß meinen Rat erteilen, sondern auch die Mittel erleichtern könnte, denselben auszuführen. Wenn Sie mich mit Ihrer jetzigen Lage bekannter machen wollen, so bin ich vielleicht eher im Stande etwas vorzuschlagen, was ihrem Wunsche gemäß ist.

An Christian Gottfried Körner,
Jena 26. September 1799

Es ist nun ausgemacht, daß ich die nächsten Winterhalbjahre in Weimar zubringe; der Herzog hat mir 200 Thlr. Zulage gegeben, und ich erhalte auch etwas Holz in natura, welches mir bei dem teuren Holzpreise in Weimar sehr zu statten kommt. Ich werde also verschiedene Veränderungen in meiner Lebensweise erleiden, und besonders mehr als bisher in Gesellschaft leben. Obgleich Weimar ein teurerer Ort ist als Jena, so kann ich von dem, was mich der dortige Aufenthalt auf 6 Monate jährlich mehr kostet, doch alles das abrechnen, was es mich in Jena kostete, ein kleines Haus zu machen. Denn da ich nicht ausgehe, so sah ich alles bei mir, und mußte oft bewirten. Dies fällt in Weimar weg, und ich gewinne mithin die zugelegten 200 Thlr. ganz.

Der Wallenstein hat uns auch noch ein ansehnliches Präsent in einem silbernen Kaffeeservice eingetragen, von der regierenden Herzogin; und so haben sich die Musen diesmal gut aufgeführt.

Der Almanach ist jetzt bald gedruckt, und die Umstände haben mich genötigt, gegen meine Neigung, eine Pause in meiner dramatischen Arbeit zu machen, und einige Gedichte auszuführen. Morgen aber hoffe ich zu der theatralischen Muse wieder zurückzukehren. Leider erscheint diesmal von Goethe gar nichts im Almanach; alle Produktivität hat ihn diesen Sommer verlassen. Er ist seit etlichen Wochen hier und läßt Euch grüßen.

Es wäre recht schön, wenn Du mir Stoffe für dramatische Arbeiten zuführen könntest, denn an Stoffen fehlt mirs am meisten. Vor der Hand bin ich aber die historischen Sujets überdrüssig, weil sie der Phantasie gar zu sehr die Freiheit nehmen, und mit einer fast unausrottbaren prosaischen Trockenheit behaftet sind.

Die Worte des Wahns

Drei Worte hört man, bedeutungsschwer,
    Im Munde der Guten und Besten;
Sie schallen vergeblich, ihr Klang ist leer,
    Sie können nicht helfen und trösten.
Verscherzt ist dem Menschen des Lebens Frucht,
    Solang er die Schatten zu haschen sucht.

Solang er glaubt an die Goldene Zeit,
    Wo das Rechte, das Gute wird siegen, –
Das Rechte, das Gute führt ewig Streit,
    Nie wird der Feind ihm erliegen,
Und erstickst du ihn nicht in den Lüften frei,
    Stets wächst ihm die Kraft auf der Erde neu.

Solang er glaubt, daß das buhlende Glück
    Sich dem Edeln vereinigen werde –
Dem Schlechten folgt es mit Liebesblick,
    Nicht dem Guten gehöret die Erde.
Er ist ein Fremdling, er wandert aus
    Und suchet ein unvergänglich Haus.

Solang er glaubt, daß dem irdschen Verstand
    Die Wahrheit je wird erscheinen,
Ihren Schleier hebt keine sterbliche Hand,

Wir können nur raten und meinen.
Du kerkerst den Geist in ein tönend Wort,
Doch der freie wandelt im Sturme fort.

Drum, edle Seele, entreiß dich dem Wahn
Und den himmlischen Glauben bewahre!
Was kein Ohr vernahm, was die Augen nicht sahn,
Es ist dennoch, das Schöne, das Wahre!
Es ist nicht draußen, da sucht es der Tor,
Es ist in dir, du bringst es ewig hervor.

An Christian Gottfried Körner,
Jena 1. November 1799

Dein Brief, lieber Körner, fand mich in einer höchst traurigen Lage. Meine Frau ist seit 3 Wochen von einer Tochter entbunden, die Niederkunft war schwer, ging aber doch
glücklich von statten, bald aber in den ersten Tagen zeigte
sich ein Nervenfieber mit heftigen Phantasieren und Beängs-
tigungen, der weiße Friesel schlug sich dazu, und jetzt liegt
sie seit 10 Tagen ohne Besinnung und hat öfters phrenetische
Anfälle. Seit vorgestern zwar erklärt der Arzt sie außer Le-
bensgefahr, auch versichert er uns, daß ihre Kopfkrankheit
keine dauernde Folgen haben werde, aber der Zustand ist
nichtsdestoweniger schrecklich; oft fürchte ich das schlimmste; und wenn es noch so gut geht, so droht eine lange Schwä-
chung nachzufolgen.
   Du kannst Dir denken, was ich bei diesen Umständen leide.
Doch ist meine eigene Gesundheit bis jetzt noch gut, ob ich
gleich fast eine Nacht über die andere wache und des Tags
nicht von ihrem Bette komme; denn niemand als mich und
ihre Mutter duldet sie um sich. Starke, unser Arzt, hat das
mögliche getan; und wenn sie gerettet wird so ist es sein Werk.

Seit heute werden kalte Umschläge um den Kopf angewendet,
die Wirkung zu tun scheinen; denn sie hatte einige Augenblicke, wo sie ihre Mutter und mich erkannte; auch schlief sie
einige Stunden.

Gebe der Himmel, daß ich Dir in 8 Tagen etwas erfreuliche-
res schreiben könne!

Maria Stuart

IV 10

ELISABETH *allein:* O Sklaverei des Volksdiensts! Schmähliche
Knechtschaft – Wie bin ichs müde, diesem Götzen
Zu schmeicheln, den mein Innerstes verachtet!
Wann soll ich frei auf diesem Throne stehn!
Die Meinung muß ich ehren, um das Lob
Der Menge buhlen, einem Pöbel muß ichs
Recht machen, dem der Gaukler nur gefällt.
O der ist noch nicht König, der der Welt
Gefallen muß! Nur der ists, der bei seinem Tun
Nach keines Menschen Beifall braucht zu fragen.
  Warum hab ich Gerechtigkeit geübt,
Willkür gehaßt mein Leben lang, daß ich
Für diese erste unvermeidliche
Gewalttat selbst die Hände mir gefesselt!
Das Muster, das ich selber gab, verdammt mich!
War ich tyrannisch, wie die spanische
Maria war, mein Vorfahr auf dem Thron, ich könnte
Jetzt ohne Tadel Königsblut versprützen!
Doch wars denn meine eigne freie Wahl
Gerecht zu sein? Die allgewaltige
Notwendigkeit, die auch das freie Wollen
Der Könige zwingt, gebot mir diese Tugend.
Umgeben rings von Feinden hält mich nur

Die Volksgunst auf dem angefochtnen Thron.
Mich zu vernichten streben alle Mächte
Des festen Landes. Unversöhnlich schleudert
Der römsche Papst den Bannfluch auf mein Haupt,
Mit falschem Bruderkuß verrät mich Frankreich,
Und offnen, wütenden Vertilgungskrieg
Bereitet mir der Spanier auf den Meeren.
So steh ich kämpfend gegen eine Welt,
Ein wehrlos Weib! Mit hohen Tugenden
Muß ich die Blöße meines Rechts bedecken,
Den Flecken meiner fürstlichen Geburt,
Wodurch der eigne Vater mich geschändet.
Umsonst bedeck ich ihn – Der Gegner Haß
Hat ihn entblößt, und stellt mir diese Stuart,
Ein ewig drohendes Gespenst, entgegen.
    Nein, diese Furcht soll endigen!
Ihr Haupt soll fallen. Ich will Frieden haben!
– Sie ist die Furie meines Lebens! Mir
Ein Plagegeist vom Schicksal angeheftet.
Wo ich mir eine Freude, eine Hoffnung
Gepflanzt, da liegt die Höllenschlange mir
Im Wege. Sie entreißt mir den Geliebten,
Den Bräutgam raubt sie mir! Maria Stuart
Heißt jedes Unglück, das mich niederschlägt!
Ist sie aus den Lebendigen vertilgt,
Frei bin ich, wie die Luft auf den Gebirgen.

Die Jungfrau von Orleans

Prolog 4

JOHANNA *allein:* Lebt wohl ihr Berge, ihr geliebten Triften,
Ihr traulich stillen Täler lebet wohl!
Johanna wird nun nicht mehr auf euch wandeln,
Johanna sagt euch ewig Lebewohl.
Ihr Wiesen, die ich wässerte! Ihr Bäume,
Die ich gepflanzet, grünet fröhlich fort!
Lebt wohl, ihr Grotten und ihr kühlen Brunnen!
Du Echo, holde Stimme dieses Tals,
Die oft mir Antwort gab auf meine Lieder,
Johanna geht und nimmer kehrt sie wieder!

Ihr Plätze alle meiner stillen Freuden,
Euch laß ich hinter mir auf immerdar!
Zerstreuet euch, ihr Lämmer auf der Heiden,
Ihr seid jetzt eine hirtenlose Schar,
Denn eine andre Herde muß ich weiden,
Dort auf dem blutgen Felde der Gefahr,
So ist des Geistes Ruf an mich ergangen,
Mich treibt nicht eitles, irdisches Verlangen.

Denn der zu Mosen auf des Horebs Höhen
Im feurgen Busch sich flammend niederließ,
Und ihm befahl, vor Pharao zu stehen,
Der einst den frommen Knaben Isais,
Den Hirten, sich zum Streiter ausersehen,
Der stets den Hirten gnädig sich bewies,
Er sprach zu mir aus dieses Baumes Zweigen:
„Geh hin! Du sollst auf Erden für mich zeugen.

In rauhes Erz sollst du die Glieder schnüren,
Mit Stahl bedecken deine zarte Brust,

173

Nicht Männerliebe darf dein Herz berühren
Mit sündgen Flammen eitler Erdenlust,
Nie wird der Brautkranz deine Locke zieren,
Dir blüht kein lieblich Kind an deiner Brust,
Doch werd ich dich mit kriegerischen Ehren,
Vor allen Erdenfrauen dich verklären.

Denn wenn im Kampf die Mutigsten verzagen,
Wenn Frankreichs letztes Schicksal nun sich naht,
Dann wirst du meine Oriflamme tragen
Und wie die rasche Schnitterin die Saat,
Den stolzen Überwinder niederschlagen,
Umwälzen wirst du seines Glückes Rad,
Errettung bringen Frankreichs Heldensöhnen,
Und Reims befrein und deinen König krönen!"

Ein Zeichen hat der Himmel mir verheißen,
Er sendet mir den Helm, er kommt von ihm,
Mit Götterkraft berühret mich sein Eisen,
Und mich durchflammt der Mut der Cherubim,
Ins Kriegsgewühl hinein will es mich reißen,
Es treibt mich fort mit Sturmes Ungestüm,
Den Feldruf hör ich mächtig zu mir dringen,
Das Schlachtroß steigt und die Trompeten klingen. *Sie geht ab.*

III 4

JOHANNA: [...] Eine Versöhnung
Ist keine, die das Herz nicht ganz befreit.
Ein Tropfe Haß, der in dem Freudenbecher
Zurückbleibt, macht den Segenstrank zum Gift.

JOHANNA: Mir zeigt der Geist nur große Weltgeschicke,
Dein Schicksal ruht in deiner eignen Brust!

V 14

JOHANNA: Seht ihr den Regenbogen in der Luft?
Der Himmel öffnet seine goldnen Tore,
Im Chor der Engel steht sie glänzend da,
Sie hält den ewgen Sohn an ihrer Brust,
Die Arme streckt sie lächelnd mir entgegen.
Wie wird mir – Leichte Wolken heben mich –
Der schwere Panzer wird zum Flügelkleide.
Hinauf – hinauf – Die Erde flieht zurück –
Kurz ist der Schmerz und ewig ist die Freude!

Das Mädchen von Orleans

Das edle Bild der Menschheit zu verhöhnen,
Im tiefsten Staube wälzte dich der Spott,
Krieg führt der Witz auf ewig mit dem Schönen,
Er glaubt nicht an den Engel und den Gott,
Dem Herzen will er seine Schätze rauben,
Den Wahn bekriegt er und verletzt den Glauben.

Doch, wie du selbst, aus kindlichem Geschlechte,
Selbst eine fromme Schäferin wie du,
Reicht dir die Dichtkunst ihre Götterrechte,
Schwingt sich mit dir den ewgen Sternen zu,
Mit einer Glorie hat sie dich umgeben,
Dich schuf das Herz, du wirst unsterblich leben.

Es liebt die Welt, das Strahlende zu schwärzen
Und das Erhabne in den Staub zu zieh'n,
Doch fürchte nicht! Es gibt noch schöne Herzen,
Die für das Hohe, Herrliche entglüh'n,
Den lauten Markt mag Momus unterhalten,
Ein edler Sinn liebt edlere Gestalten.

Ewig jung ist nur die Phantasie

Der Antritt des neuen Jahrhunderts

An ***

Edler Freund! Wo öffnet sich dem Frieden,
    Wo der Freiheit sich ein Zufluchtsort?
Das Jahrhundert ist im Sturm geschieden,
    Und das neue öffnet sich mit Mord.

Und das Band der Länder ist gehoben,
    Und die alten Formen stürzen ein;
Nicht das Weltmeer hemmt des Krieges Toben,
    Nicht der Nilgott und der alte Rhein.

Zwo gewaltge Nationen ringen
    Um der Welt alleinigen Besitz,
Aller Länder Freiheit zu verschlingen,
    Schwingen sie den Dreizack und den Blitz.

Gold muß ihnen jede Landschaft wägen,
    Und wie *Brennus* in der rohen Zeit
Legt der Franke seinen ehrnen Degen
    In die Waage der Gerechtigkeit.

Seine Handelsflotten streckt der Brite
    Gierig wie Polypenarme aus,
Und das Reich der freien Amphitrite
    Will er schließen wie sein eignes Haus.

Zu des Südpols nie erblickten Sternen
    Dringt sein rastlos ungehemmter Lauf,
Alle Inseln spürt er, alle fernen
    Küsten – nur das Paradies nicht auf.

Ach umsonst auf allen Länderkarten
    Spähst du nach dem seligen Gebiet,
Wo der Freiheit ewig grüner Garten,
    Wo der Menschheit schöne Jugend blüht.

Endlos liegt die Welt vor deinen Blicken,
    Und die Schiffahrt selbst ermißt sie kaum,
Doch auf ihrem unermeßnen Rücken
    Ist für zehen Glückliche nicht Raum.

In des Herzens heilig stille Räume
    Mußt du fliehen aus des Lebens Drang,
Freiheit ist nur in dem Reich der Träume,
    Und das Schöne blüht nur im Gesang.

An die Freunde

Lieben Freunde! Es gab schönre Zeiten
Als die unsern – das ist nicht zu streiten!
Und ein edler Volk hat einst gelebt.
Könnte die Geschichte davon schweigen,
Tausend Steine würden redend zeugen,
Die man aus dem Schoß der Erde gräbt.
    Doch es ist dahin, es ist verschwunden,
    Dieses hochbegünstigte Geschlecht.
    Wir, wir *leben!* Unser sind die Stunden,
    Und der Lebende hat recht.

Freunde! Es gibt glücklichere Zonen
Als das Land, worin wir leidlich wohnen,
Wie der weitgereiste Wandrer spricht.
Aber hat *Natur* uns viel entzogen,
War die *Kunst* uns freundlich doch gewogen,
Unser Herz erwarmt an *ihrem* Licht.
    Will der Lorbeer hier sich nicht gewöhnen,
    Wird die Myrte unsers Winters Raub,
    Grünet doch, die Schläfe zu bekrönen,
    Uns der Rebe muntres Laub.

Wohl von größerm Leben mag es rauschen,
Wo vier Welten ihre Schätze tauschen,
An der Themse, auf dem Markt der Welt.
Tausend Schiffe landen an und gehen,
Da ist jedes Köstliche zu sehen,
Und es herrscht der Erde Gott, das Geld.
    Aber nicht im trüben Schlamm der Bäche,
    Der von wilden Regengüssen schwillt,
    Auf des stillen Baches ebner Fläche
    Spiegelt sich das Sonnenbild.

Prächtiger als wir in unserm Norden
Wohnt der Bettler an der Engelspforten,
Denn er sieht das ewig einzge Rom!
Ihn umgibt der Schönheit Glanzgewimmel,
Und ein zweiter Himmel in den Himmel
Steigt Sankt Peters wunderbarer Dom.
    Aber Rom in allem seinem Glanze
    Ist ein Grab nur der Vergangenheit,
    Leben duftet nur die frische Pflanze,
    Die die grüne Stunde streut.

Größres mag sich anderswo begeben,
Als bei uns in unserm kleinen Leben,
Neues – hat die Sonne nie gesehn.
Sehn wir doch das Große *aller* Zeiten
Auf den Brettern, die die Welt bedeuten,
Sinnvoll, still an uns vorübergehn.
    Alles wiederholt sich nur im Leben,
    Ewig jung ist nur die Phantasie,
    Was sich nie und nirgends hat begeben,
    Das allein veraltet nie!

An Johann Friedrich Cotta,
Weimar 4. September 1800

Die gute Nachricht, die Sie mir von dem schnellen Absatz
des Wallenstein geben überwiegt bei weitem die üble Post aus
London. Vielleicht haben wir mit dem Wallenstein noch soviel Glück um jene Wunde zu verschmerzen. Mein Rat wäre,
vor der Hand genaue Kundschaft von Herrn Coleridge selbst
einziehen zu lassen, auf welchem Weg er das deutsche Origi-
nal erhalten und es ihm als eine Ehrensache vorzustellen, daß
er die Wahrheit sagt. Hat derselbe das deutsche Manuskript
wirklich unmittelbar aus Deutschland und nicht durch Bell
erhalten, so wird mit dem letztern freilich nicht viel zu machen sein. Doch entschließt er sich vielleicht zu Einem Teil
der Summe oder es ist möglich im Bücherhandel Repressalien
gegen ihn zu gebrauchen. Sollte aber wirklich nichts mit ihm
zu machen sein, so müssen wir suchen, mit der Maria mehr
Glück zu machen.

Ich sende Ihnen hier den Brief des Hrn. v. Mellisch, der
neulich beizulegen vergessen wurde. Wenn Ihnen aber nun
diese Entreprise zu weitläuftig vorkäme, so ist es vielleicht
noch möglich, mit dem englischen Manuskript in der Hand

einen guten und billigen Verleger in London zu finden, welcher aber freilich sogleich einen Teil der Summe bar zahlen müßte damit man vollkommene Sicherheit hätte – Übrigens leugne ich nicht, daß ich Ihnen zu dem Selbstverlag des Stücks in England immer noch raten würde, sobald Sie Sich auf Ihre Commissionairs verlassen dürfen.

Bei der neuen Auflage des Wallenstein will ich nur erinnern, daß ich, wenn keine lateinischen Lettern dazu genommen werden, die jetzige Schrift ganz wie sie ist beibehalten wünsche. Sollten Sie Lust haben zu lateinischer Schrift, so wünschte ich daß sie von der Größe wäre, wie bei Matthissons Gedichten, welche in Zürch gedruckt worden; Sie könnten dann vielleicht drei Bogen im Ganzen ersparen, wenn man 30 Zeilen auf die Seite rechnete.

Übrigens wollte ich unmaßgeblich raten, ehe Sie an die neue Auflage des W. gehen, erst an die Buchhandlungen zu schreiben, daß sie die noch nicht abgesetzten Exemplarien der ersten Auflage jetzt zurückgeben weil nachher keines mehr remittiert werden dürfe. Ohne diese Vorsicht könnten doch mehrere Exemplarien der alten Auflage noch zurückbleiben, weil der Absatz in den verschiedenen Provinzen ungleich sein kann.

Wollten Sie den Druck der neuen Auflage beschleunigt wissen, so ginge es vielleicht an, jeden Teil in einer andern Offizin zu drucken, wodurch 6 Wochen Zeit gewonnen würden; denn die Schrift bei der ersten Auflage ist überall zu haben.

Leben Sie recht wohl lieber Freund. Es sollte mich herzlich freuen, wenn der Wallenstein Sie endlich einmal für das viele belohnte was Sie an mich und meine Werke schon gewendet.

Die vier Weltalter

Wohl perlet im Glase der purpurne Wein,
    Wohl glänzen die Augen der Gäste,
Es zeigt sich der Sänger, er tritt herein,
    Zu dem Guten bringt er das Beste,
Denn ohne die Leier im himmlischen Saal
Ist die Freude gemein auch beim Nektarmahl.

Ihm gaben die Götter das reine Gemüt,
    Wo die Welt sich, die ewige, spiegelt,
Er hat alles gesehn, was auf Erden geschieht,
    Und was uns die Zukunft versiegelt,
Er saß in der Götter urältestem Rat
Und behorchte der Dinge geheimste Saat.

Er breitet es lustig und glänzend aus,
    Das zusammengefaltete Leben,
Zum Tempel schmückt er das irdische Haus,
    Ihm hat es die Muse gegeben,
Kein Dach ist so niedrig, keine Hütte so klein,
Er führt einen Himmel voll Götter hinein.

Und wie der erfindende Sohn des Zeus
    Auf des Schildes einfachem Runde
Die Erde, das Meer und den Sternenkreis
    Gebildet mit göttlicher Kunde,
So drückt er ein Bild des unendlichen All
In des Augenblicks flüchtig verrauschenden Schall.

Er kommt aus dem kindlichen Alter der Welt,
    Wo die Völker sich jugendlich freuten,
Er hat sich, ein fröhlicher Wandrer, gesellt
    Zu allen Geschlechtern und Zeiten.

Vier Menschenalter hat er gesehn
Und läßt sie am *fünften* vorübergehn.

Erst regierte Saturnus schlicht und gerecht,
    Da war es heute wie morgen,
Da lebten die Hirten, ein harmlos Geschlecht,
    Und brauchten für gar nichts zu sorgen,
Sie liebten und taten weiter nichts mehr,
Die Erde gab alles freiwillig her.

Drauf kam die Arbeit, der Kampf begann
    Mit Ungeheuern und Drachen,
Und die Helden fingen, die Herrscher an,
    Und den Mächtigen suchten die Schwachen,
Und der Streit zog in des Skamanders Feld,
Doch die Schönheit war immer der Gott der Welt.

Aus dem Kampf ging endlich der Sieg hervor,
    Und der Kraft entblühte die Milde,
Da sangen die Musen im himmlischen Chor,
    Da erhuben sich Göttergebilde!
Das Alter der göttlichen Phantasie,
Es ist verschwunden, es kehret nie.

Die Götter sanken vom Himmelsthron,
    Es stürzten die herrlichen Säulen,
Und geboren wurde der Jungfrau Sohn,
    Die Gebrechen der Erde zu heilen,
Verbannt ward der Sinne flüchtige Lust,
Und der Mensch griff *denkend* in seine Brust.

Und der eitle, der üppige Reiz entwich,
    Der die frohe Jugendwelt zierte,
Der Mönch und die Nonne zergeißelten sich,

Und der eiserne Ritter turnierte.
Doch war das Leben auch finster und wild,
So blieb doch die Liebe lieblich und mild.

Und einen heiligen, keuschen Altar
   Bewahrten sich stille die Musen,
Es lebte, was edel und sittlich war,
   In der Frauen züchtigem Busen,
Die Flamme des Liedes entbrannte neu
An der schönen Minne und Liebestreu.

Drum soll auch ein ewiges zartes Band
   Die Frauen, die Sänger umflechten,
Sie wirken und weben Hand in Hand
   Den Gürtel des Schönen und Rechten.
Gesang und Liebe in schönem Verein,
Sie erhalten dem Leben den Jugendschein.

Kassandra

Freude war in Trojas Hallen,
Eh die hohe Feste fiel,
Jubelhymnen hört man schallen
In der Saiten goldnes Spiel.
Alle Hände ruhen müde
Von dem tränenvollen Streit,
Weil der herrliche Pelide
Priams schöne Tochter freit.

Und geschmückt mit Lorbeerreisern,
Festlich wallet Schar auf Schar
Nach der Götter heilgen Häusern,
Zu des Thymbriers Altar.

Dumpferbrausend durch die Gassen
Wälzt sich die bacchantsche Lust,
Und in ihrem Schmerz verlassen
War nur *eine* traurge Brust.

Freudlos in der Freude Fülle,
Ungesellig und allein,
Wandelte Kassandra stille
In Apollos Lorbeerhain.
In des Waldes tiefste Gründe
Flüchtete die Seherin,
Und sie warf die Priesterbinde
Zu der Erde zürnend hin:

„Alles ist der Freude offen
Alle Herzen sind beglückt,
Und die alten Eltern hoffen,
Und die Schwester steht geschmückt.
Ich allein muß einsam trauern,
Denn mich flieht der süße Wahn,
Und geflügelt diesen Mauern
Seh ich das Verderben nahn.

Eine Fackel seh ich glühen,
Aber nicht in Hymens Hand,
Nach den Wolken seh ichs ziehen,
Aber nicht wie Opferbrand.
Feste seh ich froh bereiten,
Doch im ahnungsvollen Geist
Hör ich schon des Gottes Schreiten,
Der sie jammervoll zerreißt.

Und sie schelten meine Klagen,
Und sie höhnen meinen Schmerz,

marixverlag

Diese Karte entnahm ich dem Buch:

☐ Bitte schicken Sie mir das Gesamtverzeichnis **marix**verlag.

☐ Bitte informieren Sie mich regelmäßig über Neuerscheinungen.

☐ Bitte schicken Sie mir das Gesamtverzeichnis Edition Erdmann „Alte Abenteuerliche Reise- und Entdeckerberichte".

Alle Informationen unter www.marixverlag.de

Mich interessieren folgende Themen:

☐ Geschichte

☐ Philosophie

☐ Weltreligionen

☐ Judaika

☐ Weltliteratur

☐ Kunst

Rückantwort

marixverlag **GmbH**

Römerweg 10

65187 Wiesbaden

Absender

Name, Vorname

Straße, Nr.

Plz, Ort

Telefonnummer *

Faxnummer *

Email *

Unterschrift

* freiwillige Angabe

Für Ihre schnelle Anfrage:
info@marixverlag.de

Einsam in die Wüste tragen
Muß ich mein gequältes Herz,
Von den Glücklichen gemieden
Und den Fröhlichen ein Spott!
Schweres hast du mir beschieden,
Pythischer, du arger Gott!

Dein Orakel zu verkünden,
Warum warfest du mich hin
In die Stadt der ewig Blinden
Mit dem aufgeschloßnen Sinn?
Warum gabst du mir zu sehen,
Was ich doch nicht wenden kann?
Das Verhängte muß geschehen,
Das Gefürchtete muß nahn.

Frommts, den Schleier aufzuheben,
Wo das nahe Schrecknis droht?
Nur der Irrtum ist das Leben,
Und das Wissen ist der Tod.
Nimm, o nimm die traurge Klarheit,
Mir vom Aug den blutgen Schein,
Schrecklich ist es, deiner Wahrheit
Sterbliches Gefäß zu sein.

Meine Blindheit gib mir wieder
Und den fröhlich dunkeln Sinn,
Nimmer sang ich freudge Lieder,
Seit ich *deine* Stimme bin.
Zukunft hast du mir gegeben,
Doch du nahmst den Augenblick,
Nahmst der Stunde fröhlich Leben,
Nimm dein falsch Geschenk zurück!

Nimmer mit dem Schmuck der Bräute
Kränzt ich mir das duftge Haar,
Seit ich deinem Dienst mich weihte
An dem traurigen Altar.
Meine Jugend war nur Weinen,
Und ich kannte nur den Schmerz,
Jede herbe Not der Meinen
Schlug an mein empfindend Herz.

Fröhlich seh ich die Gespielen,
Alles um mich lebt und liebt
In der Jugend Lustgefühlen,
Mir nur ist das Herz getrübt.
Mir erscheint der Lenz vergebens,
Der die Erde festlich schmückt,
Wer erfreute sich des Lebens,
Der in seine Tiefen blickt!

Selig preis ich Polyxenen
In des Herzens trunkenem Wahn,
Denn den besten der Hellenen
Hofft sie bräutlich zu umfahn.
Stolz ist ihre Brust gehoben,
Ihre Wonne faßt sie kaum,
Nicht euch Himmlische dort oben
Neidet sie in ihrem Traum.

Und auch ich hab ihn gesehen,
Den das Herz verlangend wählt,
Seine schönen Blicke flehen,
Von der Liebe Glut beseelt.
Gerne möcht ich mit dem Gatten
In die heimsche Wohnung ziehn,

Doch es tritt ein stygscher Schatten
Nächtlich zwischen mich und ihn.

Ihre bleichen Larven alle
Sendet mir Proserpina,
Wo ich wandre, wo ich walle,
Stehen mir die Geister da.
In der Jugend frohe Spiele
Drängen sie sich grausend ein,
Ein entsetzliches Gewühle,
Nimmer kann ich fröhlich sein.

Und den Mordstahl seh ich blinken
Und das Mörderauge glühn,
Nicht zur Rechten, nicht zur Linken
Kann ich vor dem Schrecknis fliehn,
Nicht die Blicke darf ich wenden,
Wissend, schauend, unverwandt
Muß ich mein Geschick vollenden,
Fallend in dem fremden Land." –

Und noch hallen ihre Worte,
Horch! da dringt verworrner Ton
Fernher aus des Tempels Pforte,
Tot lag Thetis' großer Sohn!
Eris schüttelt ihre Schlangen,
Alle Götter fliehn davon,
Und des Donners Wolken hangen
Schwer herab auf Ilion.

ALLES GÖTTLICHE AUF ERDEN /
IST EIN LICHTGEDANKE NUR

Die Gunst des Augenblicks

Und so finden wir uns wieder
  In dem heitern bunten Reihn,
Und es soll der Kranz der Lieder
  Frisch und grün geflochten sein.

Aber wem der Götter bringen
  Wir des Liedes ersten Zoll?
Ihn vor allen laßt uns singen,
  Der die Freude schaffen soll.

Denn was frommt es, daß mit Leben
  Ceres den Altar geschmückt?
Daß den Purpursaft der Reben
  Bacchus in die Schale drückt?

Zückt vom Himmel nicht der Funken,
  Der den Herd in Flammen setzt,
Ist der Geist nicht feuertrunken,
  Und das Herz bleibt unergetzt.

Aus den Wolken muß es fallen,
  Aus der Götter Schoß das Glück,
Und der mächtigste von allen
  Herrschern ist der Augenblick.

Von dem allerersten Werden
  Der unendlichen Natur
Alles Göttliche auf Erden
  Ist ein Lichtgedanke nur.

Langsam in dem Lauf der Horen
  Füget sich der Stein zum Stein,
Schnell, wie es der Geist geboren,
  Will das Werk empfunden sein.

Wie im hellen Sonnenblicke
  Sich ein Farbenteppich webt,
Wie auf ihrer bunten Brücke
  Iris durch den Himmel schwebt,

So ist jede schöne Gabe
  Flüchtig wie des Blitzes Schein,
Schnell in ihrem düstern Grabe
  Schließt die Nacht sie wieder ein.

Sehnsucht

Ach, aus dieses Tales Gründen,
  Die der kalte Nebel drückt,
Könnt ich doch den Ausgang finden,
  Ach wie fühlt ich mich beglückt!
Dort erblick ich schöne Hügel,
  Ewig jung und ewig grün!
Hätt ich Schwingen, hätt ich Flügel,
  Nach den Hügeln zög ich hin.

Harmonien hör ich klingen,
  Töne süßer Himmelsruh,

Und die leichten Winde bringen
  Mir der Düfte Balsam zu,
Goldne Früchte seh ich glühen,
  Winkend zwischen dunkelm Laub,
Und die Blumen, die dort blühen,
  Werden keines Winters Raub.

Ach wie schön muß sichs ergehen
  Dort im ewgen Sonnenschein,
Und die Luft auf jenen Höhen,
  O wie labend muß sie sein!
Doch mir wehrt des Stromes Toben,
  Der ergrimmt dazwischen braust,
Seine Wellen sind gehoben,
  Daß die Seele mir ergraust.

Einen Nachen seh ich schwanken,
  Aber ach! der Fährmann fehlt.
Frisch hinein und ohne Wanken,
  Seine Segel sind beseelt.
Du mußt glauben, du mußt wagen,
  Denn die Götter leihn kein Pfand,
Nur ein Wunder kann dich tragen
  In das schöne Wunderland.

Die Braut von Messina

Über den Gebrauch des Chors in der Tragödie

Der höchste Genuß aber ist die Freiheit des Gemütes in dem
lebendigen Spiel aller seiner Kräfte.

ISABELLA: [...] Feindlich ist die Welt
  Und falsch gesinnt! Es liebt ein jeder nur

Sich selbst, unsicher, los und wandelbar
Sind alle Bande, die das leichte Glück
Geflochten – Laune löst, was Laune knüpfte –
Nur die Natur ist redlich! Sie allein
Liegt an dem ewgen Ankergrunde fest,
Wenn alles andre auf den sturmbewegten Wellen
Des Lebens unstet treibt

ISABELLA: Der Siege göttlichster ist das Vergeben!

An Johann Friedrich Cotta, Weimar 1. Juli 1802

Ein böser Krampfhusten der mich schon seit 10 Tagen mit meiner ganzen Familie plagt, ist schuld, mein wertester Freund, daß ich Ihnen heute das versprochene zu dem DamenCalender noch nicht mit schicken kann, denn unter diesen Umständen war an nichts poetisches zu denken. Ich hoffe jedoch binnen 8 Tagen Wort halten zu können.

Turandot wird nun in Ihren Händen sein.

Wie sehr wünschte ich, daß meine Muse fruchtbarer sein möchte, wär es auch nur, um Ihres Vorteils willen, da Sie so sehr auf den meinigen denken und mir in Ihrem letzten Brief wieder einen neuen und über alle meine Erwartungen gehenden Beweis davon gegeben. Dafür aber bin ich auch überzeugt, daß unser beiderseitiges Verhältnis in der schriftstellerischen Welt das einzige seiner Art sein wird. Warum können wir nicht an demselben Ort zusammen leben und uns, bei solchen Gesinnungen für einander, zu einer gemeinschaftlichen großen Unternehmung vereinigen!

Der Jüngling am Bache

An der Quelle saß der Knabe,
  Blumen wand er sich zum Kranz,
Und er sah sie fortgerissen,
  Treiben in der Wellen Tanz.
„Und so fliehen meine Tage
  Wie die Quelle rastlos hin!
Und so bleichet meine Jugend,
  Wie die Kränze schnell verblühn!

Fraget nicht, warum ich traure
  In des Lebens Blütenzeit!
Alles freuet sich und hoffet,
  Wenn der Frühling sich erneut.
Aber diese tausend Stimmen
  Der erwachenden Natur
Wecken in dem tiefen Busen
  Mir den schweren Kummer nur.

Was soll mir die Freude frommen,
  Die der schöne Lenz mir beut?
Eine nur ists, die ich suche,
  Sie ist nah und ewig weit.
Sehnend breit ich meine Arme
  Nach dem teuren Schattenbild,
Ach, ich kann es nicht erreichen,
  Und das Herz bleibt ungestillt!

Komm herab, du schöne Holde,
  Und verlaß dein stolzes Schloß!
Blumen, die der Lenz geboren,
  Streu ich dir in deinen Schoß.
Horch, der Hain erschallt von Liedern,

Und die Quelle rieselt klar!
Raum ist in der kleinsten Hütte
Für ein glücklich liebend Paar."

Berglied

Am Abgrund leitet der schwindligte Steg,
Er führt zwischen Leben und Sterben,
Es sperren die Riesen den einsamen Weg
Und drohen dir ewig Verderben,
Und willst du die schlafende Löwin nicht wecken,
So wandle still durch die Straße der Schrecken.

Es schwebt eine Brücke, hoch über den Rand
Der furchtbaren Tiefe gebogen,
Sie ward nicht erbauet von Menschenhand,
Es hätte sichs keines verwogen,
Der Strom braust unter ihr spat und früh,
Speit ewig hinauf und zertrümmert sie nie.

Es öffnet sich schwarz ein schauriges *Tor,*
Du glaubst dich im Reiche der Schatten,
Da tut sich ein lachend Gelände hervor,
Wo der Herbst und der Frühling sich gatten,
Aus des Lebens Mühen und ewiger Qual
Möcht ich fliehen in dieses glückselige *Tal.*

Vier *Ströme* brausen hinab in das Feld,
Ihr Quell, der ist ewig verborgen,
Sie fließen nach allen vier Straßen der Welt,
Nach Abend, Nord, Mittag und Morgen,
Und wie die Mutter sie rauschend geboren,
Fort fliehn sie und bleiben sich ewig verloren.

Zwei *Zinken* ragen ins Blaue der Luft,
Hoch über der Menschen Geschlechter,
Drauf tanzen, umschleiert mit goldenem Duft,
Die Wolken, die himmlischen Töchter.
Sie halten dort oben den einsamen Reihn,
Da stellt sich kein Zeuge, kein irdischer, ein.

Es sitzt die Königin hoch und klar
Auf unvergänglichem Throne,
Die Stirn umkränzt sie sich wunderbar
Mit diamantener Krone,
Drauf schießt die Sonne die Pfeile von Licht,
Sie vergolden sie nur und erwärmen sie nicht.

Der Pilgrim

Noch in meines Lebens Lenze
    War ich, und ich wandert aus,
Und der Jugend frohe Tänze
    Ließ ich in des Vaters Haus.

All mein Erbteil, meine Habe
    Warf ich fröhlich glaubend hin,
Und am leichten Pilgerstabe
    Zog ich fort mit Kindersinn.

Denn mich trieb ein mächtig Hoffen
    Und ein dunkles Glaubenswort,
„Wandle", riefs, „der Weg ist offen,
    Immer nach dem Aufgang fort.

Bis zu einer goldnen Pforten
    Du gelangst, da gehst du ein,

Denn das Irdische wird dorten
   Himmlisch unvergänglich sein."

Abend wards und wurde Morgen,
   Nimmer, nimmer stand ich still,
Aber immer bliebs verborgen,
   Was ich suche, was ich will.

Berge lagen mir im Wege,
   Ströme hemmten meinen Fuß,
Über Schlünde baut ich Stege,
   Brücken durch den wilden Fluß.

Und zu eines Stroms Gestaden
   Kam ich, der nach Morgen floß,
Froh vertrauend seinem Faden,
   Werf ich mich in seinen Schoß.

Hin zu einem großen Meere
   Trieb mich seiner Wellen Spiel,
Vor mir liegts in weiter Leere,
   Näher bin ich nicht dem Ziel.

Ach, kein Steg will dahin führen,
   Ach, der Himmel über mir
Will die Erde nie berühren,
   Und das Dort ist niemals Hier.

Punschlied

Vier Elemente,
Innig gesellt,
Bilden das Leben,
Bauen die Welt.

Preßt der Zitrone
Saftigen Stern,
Herb ist des Lebens
Innerster Kern.

Jetzt mit des Zuckers
Linderndem Saft
Zähmet die herbe
Brennende Kraft,

Gießet des Wassers
Sprudelnden Schwall,
Wasser umfänget
Ruhig das All.

Tropfen des Geistes
Gießet hinein,
Leben dem Leben
Gibt er allein.

Eh es verdüftet,
Schöpfet es schnell,
Nur wenn er glühet,
Labet der Quell.

UND *eine* FREIHEIT
MACHT UNS ALLE FREI

Wilhelm Tell

I 1

FISCHERKNABE:
Es lächelt der See, er ladet zum Bade,
Der Knabe schlief ein am grünen Gestade,
    Da hört er ein Klingen,
    Wie Flöten so süß,
    Wie Stimmen der Engel
    Im Paradies.

Und wie er erwachet in seliger Lust,
Da spülen die Wasser ihm um die Brust,
    Und es ruft aus den Tiefen:
    Lieb Knabe, bist mein!
    Ich locke den Schläfer,
    Ich zieh ihn herein.

HIRTE:
    Ihr Matten lebt wohl!
    Ihr sonnigen Weiden!
    Der Senne muß scheiden,
    Der Sommer ist hin.
Wir fahren zu Berg, wir kommen wieder,
Wenn der Kuckuck ruft, wenn erwachen die Lieder,
Wenn mit Blumen die Erde sich kleidet neu,
Wenn die Brünnlein fließen im lieblichen Mai.

Ihr Matten lebt wohl,
Ihr sonnigen Weiden!
Der Senne muß scheiden
Der Sommer ist hin.

ALPENJÄGER:
Es donnern die Höhen, es zittert der Steg,
Nicht grauet dem Schützen auf schwindlichtem Weg,
    Er schreitet verwegen
    Auf Feldern von Eis,
    Da pranget kein Frühling,
    Da grünet kein Reis;
Und unter den Füßen ein neblichtes Meer,
Erkennt er die Städte der Menschen nicht mehr,
    Durch den Riß nur der Wolken
    Erblickt er die Welt,
    Tief unter den Wassern
    Das grünende Feld.

I 2

GERTRUD [zu Stauffacher]: Er ist dir neidisch, weil du
glücklich wohnst,
Ein freier Mann auf deinem eignen Erb,
– Denn er hat keins. Vom Kaiser selbst und Reich
Trägst du dies Haus zu Lehn, du darfst es zeigen,
So gut der Reichsfürst seine Länder zeigt,
Denn über dir erkennst du keinen Herrn
Als nur den Höchsten in der Christenheit –
Er ist ein jüngrer Sohn nur seines Hauses,
Nichts nennt er sein als seinen Rittermantel,
Drum sieht er jedes Biedermannes Glück
Mit scheelen Augen giftger Mißgunst an,
Dir hat er längst den Untergang geschworen –
Noch stehst du unversehrt – Willst du erwarten,

Bis er die böse Lust an dir gebüßt?
Der kluge Mann baut vor.

III 1

Hof vor Tells Hause. Er ist mit der Zimmeraxt, Hedwig mit einer häuslichen Arbeit beschäftigt. Walter und Wilhelm in der Tiefe spielen mit einer kleinen Armbrust.

WALTER *singt:*
Mit dem Pfeil, dem Bogen
Durch Gebirg und Tal
Kommt der Schütz gezogen
Früh am Morgenstrahl.

Wie im Reiche der Lüfte
König ist der Weih, –
Durch Gebirg und Klüfte
Herrscht der Schütze frei.

Ihm gehört das Weite,
Was sein Pfeil erreicht,
Das ist seine Beute,
Was da kreucht und fleugt.

TELL: Wer frisch umherspäht mit gesunden Sinnen,
Auf Gott vertraut und die gelenke Kraft,
Der ringt sich leicht aus jeder Fahr und Not,
Den schreckt der Berg nicht, der darauf geboren.
　　　Er hat seine Arbeit vollendet, legt das Gerät hinweg.
Jetzt, mein ich, hält das Tor auf Jahr und Tag.
Die Axt im Haus erspart den Zimmermann.

III 2

BERTA: Kämpfe
Fürs Vaterland, du kämpfst für deine Liebe!
Es ist ein Feind, vor dem wir alle zittern,
Und eine Freiheit macht uns alle frei!

IV 3

Die hohle Gasse bei Küßnacht. Man steigt von hinten zwischen
Felsen herunter, und die Wanderer werden, ehe sie auf der Szene
erscheinen, schon von der Höhe gesehen. Felsen umschließen die
ganze Szene, auf einem der vordersten ist ein Vorsprung mit Ge-
sträuch bewachsen.

TELL *tritt auf mit der Armbrust:*
Durch diese hohle Gasse muß er kommen,
Es führt kein andrer Weg nach Küßnacht – Hier
Vollend ichs – Die Gelegenheit ist günstig.
Dort der Holunderstrauch verbirgt mich ihm,
Von dort herab kann ihn mein Pfeil erlangen,
Des Weges Enge wehret den Verfolgern.
Mach deine Rechnung mit dem Himmel, Vogt,
Fort mußt du, deine Uhr ist abgelaufen.

Ich lebte still und harmlos – Das Geschoß
War auf des Waldes Tiere nur gerichtet,
Meine Gedanken waren rein von Mord –
Du hast aus meinem Frieden mich heraus
Geschreckt, in gärend Drachengift hast du
Die Milch der frommen Denkart mir verwandelt,
Zum Ungeheuren hast du mich gewöhnt –
Wer sich des Kindes Haupt zum Ziele setzte,
Der kann auch treffen in das Herz des Feinds.

Die armen Kindlein, die unschuldigen,
Das treue Weib muß ich vor deiner Wut
Beschützen, Landvogt – Da, als ich den Bogenstrang
Anzog – als mir die Hand erzitterte –
Als du mit grausam teufelischer Lust
Mich zwangst, aufs Haupt des Kindes anzulegen –
Als ich ohnmächtig flehend rang vor dir,
Damals gelobt ich mir in meinem Innern
Mit furchtbarm Eidschwur, den nur Gott gehört,
Daß meines nächsten Schusses erstes Ziel
Dein Herz sein sollte – Was ich mir gelobt
In jenes Augenblickes Höllenqualen,
Ist eine heilge Schuld, ich will sie zahlen.

Du bist mein Herr und meines Kaisers Vogt,
Doch nicht der Kaiser hätte sich erlaubt,
Was du – Er sandte dich in diese Lande,
Um Recht zu sprechen – strenges, denn er zürnet –
Doch nicht, um mit der mörderischen Lust
Dich jedes Greuels straflos zu erfrechen,
Es lebt ein Gott, zu strafen und zu rächen.

Komm du hervor, du Bringer bittrer Schmerzen,
Mein teures Kleinod jetzt, mein höchster Schatz –
Ein Ziel will ich dir geben, das bis jetzt
Der frommen Bitte undurchdringlich war –
Doch dir soll es nicht widerstehn – Und du,
Vertraute Bogensehne, die so oft
Mir treu gedient hat in der Freude Spielen,
Verlaß mich nicht im fürchterlichen Ernst.
Nur jetzt noch halte fest, du treuer Strang,
Der mir so oft den herben Pfeil beflügelt –
Entränn er jetzo kraftlos meinen Händen,
Ich habe keinen zweiten zu versenden.

Wanderer gehen über die Szene.

Auf dieser Bank von Stein will ich mich setzen,
Dem Wanderer zur kurzen Ruh bereitet –
Denn hier ist keine Heimat – Jeder treibt
Sich an dem andern rasch und fremd vorüber,
Und fraget nicht nach seinem Schmerz – Hier geht
Der sorgenvolle Kaufmann und der leicht
Geschürzte Pilger – der andächtge Mönch,
Der düstre Räuber und der heitre Spielmann,
Der Säumer mit dem schwer beladnen Roß,
Der ferne herkommt von der Menschen Ländern,
Denn jede Straße führt ans End der Welt.
Sie alle ziehen ihres Weges fort
An ihr Geschäft – und meines ist der Mord!

Setzt sich.

Sonst wenn der Vater auszog, liebe Kinder,
Da war ein Freuen, wenn er wiederkam,
Denn niemals kehrt er heim, er bracht euch etwas,
Wars eine schöne Alpenblume, wars
Ein seltner Vogel oder Ammonshorn,
Wie es der Wandrer findet auf den Bergen –
Jetzt geht er einem andern Weidwerk nach,
Am wilden Weg sitzt er mit Mordgedanken,
Des Feindes Leben ists, worauf er lauert.
– Und doch an euch nur denkt er, lieben Kinder,
Auch jetzt – euch zu verteidgen, eure holde Unschuld
Zu schützen vor der Rache des Tyrannen,
Will er zum Morde jetzt den Bogen spannen!

Steht auf.

Ich laure auf ein edles Wild – Läßt sichs
Der Jäger nicht verdrießen, tagelang
Umherzustreifen in des Winters Strenge,
Von Fels zu Fels den Wagesprung zu tun,
Hinanzuklimmen an den glatten Wänden,

Wo er sich anleimt mit dem eignen Blut,
– Um ein armselig Grattier zu erjagen.
Hier gilt es einen köstlicheren Preis,
Das Herz des Todfeinds, der mich will verderben.
Man hört von ferne eine heitre Musik, welche sich nähert.
Mein ganzes Leben lang hab ich den Bogen
Gehandhabt, mich geübt nach Schützenregel,
Ich habe oft geschossen in das Schwarze
Und manchen schönen Preis mir heimgebracht
Vom Freudenschießen – Aber heute will ich
Den Meisterschuß tun und das Beste mir
Im ganzen Umkreis des Gebirgs gewinnen.

*Eine Hochzeit zieht über die Szene und durch den Hohlweg hin-
auf. Tell betrachtet sie, auf seinen Bogen gelehnt, Stüssi der Flur-
schütz gesellt sich zu ihm.*

TELL: Dem Schwachen ist sein Stachel auch gegeben.

An Wilhelm von Wolzogen,
Weimar 20. März 1804

Die schwermütige Stimmung, die uns Deine letzten Briefe
zeigten, ist nun hoffentlich zerstreut, und Du siehst daß Deine
Besorgnis ungegründet war. Freilich magst Du Dich, so abgeschnitten wie Du dort von den Deinigen bist, mit manchen
Gespenstern quälen, aber verliere nicht die Geduld, da Du so
nah am Ziele bist. Ich schreibe Dir keine Neuigkeiten, da Du
alles ausführlich von Voigt vernehmen wirst, und die Frauen
Dir weitläufig schreiben.

Auch ich verliere hier zuweilen die Geduld, es gefällt mir
hier mit jedem Tage schlechter, und ich bin nicht Willens in
Weimar zu sterben. Nur in der Wahl des Orts, wo ich mich

hinbegeben will, kann ich mit mir noch nicht einig werden. Es sind mir Aussichten nach dem südlichen Deutschland geöffnet. An meiner hiesigen Pension von 400 Thlr. verliere ich nichts, weil es hier so teuer zu leben ist, und mit den 1500 Thlrn., die ich jährlich hier zusetze, kann ich in Schwaben und am Rhein ganz gut leben. Es ist überall besser als hier, und wenn es meine Gesundheit erlaubte, so würde ich mit Freuden nach dem Norden ziehn.

Mein Tell ist vor 3 Tagen hier gespielt worden und mit dem größten Sukzeß, wie noch keins meiner Stücke. Das Mscrpt kann ich Dir aber nicht schicken, zu dem Gebrauche den Du davon machen willst, qualifiziert es sich seines Inhaltes wegen nicht, wie Dir Voigt, der es hat spielen sehen, erzählen kann.

Meine beste Freude ist meine Tätigkeit, sie macht mich glücklich in mir selbst und unabhängig nach außen, und kann ich nur mein fünfzigstes Jahr mit ungehinderten Geisteskräften erreichen, so hoffe ich so viel zu ersparen, daß meine Kinder unabhängig sind. Dieses Jahr mache ich mein Haus vollends schuldenfrei und hoffe noch übrig zu behalten.

Lebe wohl, lieber Alter, und erhalte Dich gesund. Wir sehen uns, hoffe ich, binnen 4 Monaten fröhlich wieder. Empfiehl mich dem guten Erbprinzen bestens, ich nehme Teil an seinem Glück. Lebe wohl.

An Johann Friedrich Cotta,
Weimar 22. Mai 1804

Gestern, mein teurer Freund, sind wir von unsrer Berliner Reise glücklich hier eingetroffen und mein erstes Geschäft ist, Ihnen Nachricht zu geben. Von Berlin aus dachte ich, Ihnen noch nach Leipzig zu schreiben, aber ich war 8 Tage in Berlin krank und für alles verdorben. Die Reise, das üble Wetter, und die Zerstreuungen der ersten Tage hatten mir eine gänzliche

Erschöpfung und ein katarrhalisches Fieber zugezogen. Indessen habe ich das Notwendige, um dessentwillen ich die ganze Reise unternommen, gesehen und ausgeführt und meines Zwecks nicht verfehlt. In einigen Monaten werde ich Ihnen mehr darüber sagen können.

Berlin hat mir wohl gefallen und ich würde mich in die dortigen Verhältnisse schon zu finden wissen. Aber es ist ein teurer Aufenthalt, und wenn ich hier in Weimar mit 2000 Talern gut auskomme, so könnte ich in Berlin nicht mit 3000 reichen. Ich bin freundlich aufgenommen worden und habe viel Zuneigung erfahren.

Sie, mein wertester Freund, haben mir soviele Proben Ihrer edeln Freundschaft gegeben, daß mich das Andenken daran während dieser ganzen Zeit nicht verlassen hat. Ich konnte es Ihnen in Leipzig nicht so sagen, wie mich Ihre Güte rührte und wie tief ich den Werth Ihres Handelns gegen mich fühlte. Aber es ist tief in meinem Herzen, und wird nie daraus erlöschen. Gebe mir nur der Himmel Gesundheit und Tätigkeit, daß ich noch recht viel leiste, und daß mein Fleiß Ihnen so wie ich wünsche, Früchte trage!

An Johann Wolfgang Goethe, Weimar 6. Juni 1804

Ich sagte Ihnen gestern Abend von dem Schritte, den ich bei unserm Herrn getan, und heute früh erhalte ich beifolgendes Billet von ihm, welches die günstigsten Gesinnungen für mich enthält. Der Ton in welchem es abgefaßt ist, berechtigt mich zu der Hoffnung, daß es dem H. ernst ist, mir solid zu helfen und mich in eine solche Lage zu setzen daß ich meine rem Familiarem zunehmen sehe.

Ich brauche jährlich 2000 Thlr. um mit Anstand hier zu leben, davon habe ich bisher über zwei Drittheile, zwischen

14- u. 1500 Thlr. mit meinen schriftstellerischen Einnahmen bestritten. 1000 Thlr. will ich also gern jährlich von dem meinigen zusetzen, wenn ich nur auf 1000 Thlr. fixe Einnahme rechnen kann. Sollten es die Umstände nicht erlauben, meine bisherige Besoldung von 400 Thlr. sogleich auf 1000 zu erhöhen so hoffe ich von der gnädigen Gesinnung des Herzogs, daß er mir 800 für jetzt bewilligen, und mir die Hoffnung geben werde, in einigen Jahren das 1000 voll zu machen. Sagen Sie mir, bester Freund, der Sie meine Lage und die hiesigen Verhältnisse kennen, was Sie von der Sache denken, und ob Sie glauben, daß ich mich, ohne den Vorwurf der Unbescheidenheit, in solchen Terminis gegen den Herzog erklären kann.

An Charlotte Schiller, Weimar 21. August 1804

Die Ruhe die um mich her ist, und die größere Bequemlichkeit tun mir wohl, obgleich es mir ganz fremd vorkommt mich so allein und von euch abgeschnitten zu sehen. Die kleinen Anordnungen die ich noch im Haus zu machen habe, eh Du kommst, beschäftigen mich auf eine angenehme Weise, das Kabinettchen ist schon gedielt, auch der Christine ihre Kammer wird ordentlich und bewohnlich eingerichtet. Die Kinderstube ist jetzt recht comfortable, und auch das Schlafzimmer daran. Zu dem harten Sopha lasse ich aus Pferdehaarkissen, die ich noch vorrätig hatte, eine neue gute Matratze machen, zwei eichene Kommoden und zwei neue eichene Tische hinein setzen, die andern schlecht-konditionierten Tische von Buchenholz werden neu furniert und gebeizt. Ein recht schönes Nachttischgen von Mahagoni steht schon für Dich bereit und auch noch ein kleines Theetischgen mit einem lackierten Blech. Die Sopha- und Stuhlkappen aus den guten Zimmern lasse ich waschen, wie auch die Vorhänge aus diesen vorderen Stuben, die ich nun für mich nehmen werde.

[…]

Mein Befinden ist noch das alte, doch bin ich schon zufrieden, daß die Kälte es nicht schlimmer gemacht hat.

An Christian Gottfried Körner, Weimar 10. Dezember 1804

Ein heftiger Katarrh den ich mir bei den letzten Festivitäten geholt, hat mich schon mehrere Wochen hart mitgenommen; leider ist meine Gesundheit so hinfällig, daß ich jeden freien Lebensgenuß gleich mit Wochen langem Leiden büßen muß. Und so stockt denn auch meine Tätigkeit trotz meinem besten Willen! In Ermangelung wichtigerer Sachen schicke ich Dir mein kleines Vorspiel; Du wirst doch gern wissen wollen, wie ich mich bei einer solchen Gelegenheit aus dem Handel gezogen.

An Johann Wolfgang Goethe, Weimar 22. Februar 1805

Es ist mir erfreulich wieder ein paar Zeilen Ihrer Hand zu sehen, und es belebt wieder meinen Glauben, daß die alten Zeiten zurückkommen können, woran ich manchmal ganz verzage. Die zwei harten Stöße die ich nun in einem Zeitraum von 7 Monaten auszustehen gehabt, haben mich bis auf die Wurzeln erschüttert und ich werde Mühe haben, mich zu erholen.

Zwar mein jetziger Anfall scheint nur die allgemeine epidemische Ursache gehabt zu haben, aber das Fieber war so stark und hat mich in einem schon so geschwächten Zustand überfallen, daß mir eben so zu Mute ist, als wenn ich aus der schwersten Krankheit erstünde und besonders habe ich Mühe eine gewisse Mutlosigkeit zu bekämpfen, die das schlimmste Übel in meinen Umständen ist.

[...]

Möge es sich täglich und stündlich mit Ihnen bessern und mit mir auch, daß wir uns bald mit Freuden wieder sehen.

An Wilhelm von Humboldt,
Weimar 2. April 1805

Für unser Einverständnis sind keine Jahre und keine Räume; Ihr Wirkungskreis kann Sie nicht so sehr vereinseitigen und beschränken, daß wir einander nicht immer in dem Würdigen und Rechten begegnen sollten. Und am Ende sind wir ja beide Idealisten und würden uns schämen, uns nachsagen zu lassen, daß die Dinge uns formten, und nicht wir die Dinge.

Daß ich in dieser langen Zeit unsers stockenden Briefwechsels auf meine Art tätig war, wissen Sie und haben es, wie ich denke, gelesen. Ich wünschte auch von Ihnen selbst zu hören, wie Sie mit meinem Tell zufrieden sind, es ist ein erlaubter Wunsch; denn bei allem, was ich mache, denke ich, wie es Ihnen gefallen könnte. Der Ratgeber und Richter, der Sie mir so oft in der Wirklichkeit waren, sind Sie mir, in Gedanken, auch noch jetzt, und wenn ich mich, um aus meinem Subjekt heraus zu kommen, mir selbst gegenüber zu stellen versuche, so geschieht es gerne in Ihrer Person und aus Ihrer Seele.

Noch hoffe ich in meinem poetischen Streben keinen Rückschritt getan zu haben, einen Seitenschritt vielleicht, indem es mir begegnet sein kann, den materiellen Foderungen der Welt und der Zeit etwas eingeräumt zu haben. Die Werke des dramatischen Dichters werden schneller als alle andre von dem Zeitstrom ergriffen, er kommt, selbst wider Willen, mit der großen Masse in eine vielseitige Berührung, bei der man nicht immer rein bleibt. Anfangs gefällt es, den Herrscher zu machen über die Gemüter, aber welchem Herrscher begegnet es nicht, daß er auch wieder der Diener seiner Diener wird, um seine Herrschaft zu behaupten; und so kann es leicht geschehen sein, daß ich, indem ich die deutschen Bühnen mit dem Geräusch meiner Stücke erfüllte, auch von den deutschen Bühnen etwas angenommen habe.

Seit dem Tell haben Krankheiten und Zerstreuungen meine Tätigkeit öfters unterbrochen; eine Reise nach Berlin im vorig Frühjahr, darauf im Sommer eine heftige Krankheit, und dieser furchtbar angreifende Winter haben mich ziemlich von meinem Ziel verschlagen. An Vorsätzen und Entwürfen fehlte es zwar nicht, aber ich schwankte zu lange hin und her und habe mich erst seit einigen Monaten für eine neue Tragödie entschieden, die mich wohl bis Ende dieses Jahres beschäftigen wird. Um diesen Winter doch nicht ganz untätig zu sein, habe ich, da ich nichts eigenes machen konnte, die Phedre von Racine übersetzt und spielen lassen, und diese nicht so ganz leichte Arbeit, hat mir eine angenehme Übung gegeben. Zur Ankunft unserer Erbprinzessin machte ich ein kleines Vorspiel, das ich Ihnen hier beilege.

Es ist ein Werk des Moments und im Verlauf einiger Tage ausgedacht, ausgeführt und dargestellt worden. Eine Sammlung meiner Theaterstücke, womit diesen Sommer der Anfang gemacht wird, wird mit diesem Vorspiel, Don Carlos u der Jungfrau v. Orleans eröffnet.

Goethe war diesen Winter wieder sehr krank und leidet noch jetzt an den Folgen. Alles rät ihm, ein milderes Klima zu suchen und besonders dem hiesigen Winter zu entfliehen. Ich liege ihm sehr an, wieder nach Italien zu gehen, aber er kann zu keinem Entschlusse kommen, er fürchtet die Kosten und die Mühseligkeiten, auch mögen ihn vielleicht andere Einflüsse binden. Unter diesen Umständen hat er freilich nicht viel im poetischen leisten können, aber Sie wissen, daß er nie untätig und sein Müßiggang nur ein Wechsel der Beschäftigung ist. Er hat in diesem Winter eine ungedruckte, sehr geistreiche Satyre von Diderot übersetzt, die diesen Sommer bei Göschen herauskommt. Auch ist er mit Herausgabe ungedruckter Briefe von Winckelmann beschäftigt, und zuweilen ließ er sich auch mit vieler guter Laune in der Litt. Zeitung hören. Er wird, wenn es irgend seine Gesundheit erlaubt, Ihnen gewiß auch mit dieser Gelegenheit schreiben. Wir sahen uns diesen Winter selten, weil wir beide das Haus nicht verlassen durften.

Daß ich Anträge gehabt, mich in Berlin zu fixieren, wissen Sie, und auch daß mich der Herzog v W. in die Umstände gesetzt hat, mit Aisance hier zu bleiben. Da ich nun auch für meine dramatischen Schriften mit Cotta und mit den Theatern gute Akkorde gemacht, so bin ich in den Stand gesetzt, etwas für meine Kinder zu erwerben, und ich darf hoffen, wenn ich nur bis in mein fünfzigstes Jahr so fortfahre, ihnen die nötige Unabhängigkeit zu verschaffen. Sie sehen, daß ich Sie ordentlich wie ein Hausvater unterhalte, aber ein solches Häuflein von Kindern, als ich um mich habe, kann einen wohl zum Nachdenken bringen

Übrigens leben wir hier in einem sehr angenehmen Verhältnis, und ich habe es noch keinen Augenblick bereut, daß ich es dem Aufenthalt in Berlin vorgezogen habe. Wäre ich freilich ein ganz unabhängiger Mensch, so würde ich dem Süden um vier Grade näher rücken.

Von unserer literarischen Welt kann ich Ihnen wenig berichten, denn ich lebe wenig mehr in ihr. Die spekulative Philosophie, wenn sie mich je gehabt hat, hat mich durch ihre hohle Formeln verscheucht, ich habe auf diesem kahlen Gefild keine lebendige Quelle und keine Nahrung für mich gefunden; aber die tiefen Grundideen der Idealphilosophie bleiben ein ewiger Schatz und schon allein um ihrentwillen muß man sich glücklich preisen, in dieser Zeit gelebt zu haben. Um die poetische Produktion in Deutschland sieht es aber kläglich aus, und man sieht wirklich nicht, wo eine Literatur für die nächsten 30 Jahre herkommen soll. Auch nicht ein einziges neues Product der Poesie weiß ich Ihnen seit langer Zeit zu nennen, was einen neuen Nahmen an der Spitze trüge, und was einem Freude machte. Dagegen regt sich die eselhafte Nachahmungssucht der Deutschen mehr als jemals, eine Nachahmung, die bloß in einem identischen Wiederbringen und Verschlechtern des Urbildes besteht. Solcher Nachahmungen hat auch mein Wallenstein und Braut von Messina vielfach hervorgebracht, aber man ist auch nicht um einen Schritt weiter gefördert.

Aber nun auch genug von meinen und den deutschen Angelegenheiten. Ich wünschte mir anschaulich zu machen, wie Sie in Rom leben und worin Sie leben. Der deutsche Geist sitzt Ihnen zu tief, als daß Sie irgendwo aufhören könnten, deutsch zu empfinden und zu denken. Frau v. Stael hat mich bei ihrer Anwesenheit in Weimar aufs neu in meiner Deutschheit bestärkt, so lebhaft sie mir auch die vielen Vorzüge ihrer Nation vor der unsrigen fühlbar machte. Im philosophieren und im poetischen Sinne haben wir vor den Franzosen einen entschiedenen Schritt voraus, wie viel wir auch in allen anderen Stücken neben ihnen verlieren mögen.

Haben Sie Ihre Bekanntschaft mit Schlegeln nun erneuert und wie stehen Sie mit ihm? Die Welt vernimmt jetzt wenig von diesen beiden Brüdern, aber das Unheil, was sie in jungen und schwachen Köpfen angerichtet, wird sich doch lange fühlen, und die traurige Unfruchtbarkeit und Verkehrtheit, die jetzt in unserer Literatur sich zeigt, ist eine Folge dieses bösen Einflusses.

Sagen Sie der guten Li meine herzlichsten Grüße, es war für mich eine schmerzliche Freude, als ich sie im vorigen Jahre hier wieder sah, u: ich leugne nicht, daß ich sehr viel für sie gefürchtet. Desto inniger freuen mich nun die guten Nachrichten, die wir von ihr gehört. Auch dem H. Kohlrausch bitte ich mein Andenken zu erneuern.

Ich ersuche Sie, liebster Freund, inliegenden Brief an Grass ja recht bald zu besorgen. Er wartet schon fast ein Jahr auf meinen Brief, und wird mich beinahe aufgegeben haben.

Tausendmal umarme ich Sie mein teurer Freund und wünsche, daß mich dieser Brief Ihnen ganz so, wie Sie mich sonst gekannt, wieder darstellen möchte.

Doch noch kein Auge schaute / Den Meister, der es baute

Parabeln und Rätsel

1.

Von Perlen baut sich eine Brücke
 Hoch über einen grauen See,
Sie baut sich auf im Augenblicke,
 Und schwindelnd steigt sie in die Höh.

Der höchsten Schiffe höchste Masten
 Ziehn unter ihrem Bogen hin,
Sie selber trug noch keine Lasten
 Und scheint, wenn du ihr nahst, zu fliehn.

Sie *wird* erst *mit* dem Strom, und schwindet,
 Sowie des Wassers Flut versiegt.
So sprich, *wo* sich die Brücke findet,
 Und wer sie künstlich hat gefügt?

Auflösung zu 1.

Diese Brücke, die von Perlen sich erbaut,
Sich glänzend hebt und in die Lüfte gründet,
Die mit dem Strom erst wird und mit dem Strome schwindet
Und über die kein Wandrer noch gezogen,
Am Himmel siehst du sie, sie heißt – *der Regenbogen.*

2.

Es führt dich meilenweit von dannen
    Und bleibt doch stets an seinem Ort,
Es hat nicht Flügel auszuspannen
    Und trägt dich durch die Lüfte fort.
Es ist die allerschnellste Fähre,
    Die jemals einen Wandrer trug,
Und durch das größte aller Meere
Trägt es dich mit Gedankenflug,
Ihm ist ein Augenblick genug!

Auflösung zu 2.

Dies leichte Schiff, das mit Gedankenschnelle
Mich durch die Lüfte ruhig trägt,
Sich selbst nicht von dem Ort bewegt,
Das Sehrohr ists, das in die Ferne
Den Blick beflügelt bis ins Land der Sterne.

3.

Auf einer großen Weide gehen
    Viel tausend Schafe silberweiß,
Wie wir sie heute wandeln sehen,
    Sah sie der allerält'ste Greis.

Sie altern nie und trinken Leben
    Aus einem unerschöpften Born,
Ein Hirt ist ihnen zugegeben
    Mit schön gebognem Silberhorn.

Er treibt sie aus zu goldnen Toren,
    Er überzählt sie jede Nacht,
Und hat der Lämmer keins verloren,
    Sooft er auch den Weg vollbracht.

Ein treuer *Hund* hilft sie ihm leiten,
    Ein muntrer *Widder* geht voran.
Die *Herde,* kannst du sie mir deuten?
    Und auch den Hirten zeig mir an.

4.

Es steht ein groß geräumig Haus
    Auf unsichtbaren Säulen,
Es mißts und gehts kein Wandrer aus,
    Und keiner darf drin weilen.
Nach einem unbegriffnen Plan
    Ist es mit Kunst gezimmert,
Es steckt sich selbst die Lampe an,
    Die es mit Pracht durchschimmert.
Es hat ein Dach, kristallenrein,
Von einem einzgen Edelstein,
Doch noch kein Auge schaute
Den Meister, der es baute.

5.

Zwei Eimer sieht man ab und auf
    In einem Brunnen steigen,
Und schwebt der eine voll herauf,
    Muß sich der andre neigen.
Sie wandern rastlos hin und her,
Abwechselnd voll und wieder leer,
Und bringst du diesen an den Mund,
Hängt jener in dem tiefsten Grund,
    Nie können sie mit ihren Gaben
    In gleichem Augenblick dich laben.

6.

Kennst du das Bild auf zartem Grunde,
  Es gibt sich selber Licht und Glanz.
Ein andres ists zu jeder Stunde,
  Und immer ist es frisch und ganz.
Im engsten Raum ists ausgeführet,
  Der kleinste Rahmen faßt es ein,
Doch alle Größe, die dich rühret,
  Kennst du durch dieses Bild allein.
Und kannst du den Kristall mir nennen,
  Ihm gleicht an Wert kein Edelstein,
Er leuchtet, ohne je zu brennen,
  Das ganze Weltall saugt er ein.
Der Himmel selbst ist abgemalet
  In seinem wundervollen Ring,
Und doch ist, was er von sich strahlet,
  Noch schöner, als was er empfing.

Auflösung zu 6.

Dies zarte Bild, das in den kleinsten Rahmen
Gefaßt, das Unermeßliche uns zeigt,
Und der Kristall, in dem dies Bild sich malt,
Und der noch Schönres von sich strahlt,
Er ist das *Aug*, in das die Welt sich drückt,
Dein Auge ists, wenn es mir Liebe blickt.

7.

Ein Gebäude steht da von uralten Zeiten,
Es ist kein Tempel, es ist kein Haus,
Ein Reiter kann hundert Tage reiten,
Er umwandert es nicht, er reitets nicht aus.

Jahrhunderte sind vorübergeflogen,
Es trotzte der Zeit und der Stürme Heer,

Frei steht es unter dem himmlischen Bogen,
Es reicht in die Wolken, es netzt sich im Meer.

Nicht eitle Prahlsucht hat es getürmet,
Es dienet zum Heil, es rettet und schirmet,
Seinesgleichen ist nicht auf Erden bekannt,
Und doch ists ein Werk von Menschenhand.

Auflösung zu 7.

Das alte fest gegründete Gebäude,
Das Stürmen und Jahrhunderten getrotzt,
Das sich unendlich, unabsehlich leitet
Und Tausende beschirmt, die große Mauer ists,
Die China von der Tartarwüste scheidet.

8.

Unter allen Schlangen ist *eine,*
   Auf Erden nicht gezeugt,
Mit der an Schnelle keine,
   An Wut sich keine vergleicht.

Sie stürzt mit furchtbarer Stimme
   Auf ihren Raub sich los,
Vertilgt in *einem* Grimme
   Den Reiter und sein Roß.

Sie liebt die höchsten Spitzen,
   Nicht Schloß, nicht Riegel kann
Vor ihrem Anfall schützen,
   Der Harnisch – lockt sie an.

Sie bricht wie dünne Halmen
   Den stärksten Baum entzwei,

Sie kann das Erz zermalmen,
 Wie dicht und fest es sei.

Und dieses Ungeheuer
 Hat zweimal nur gedroht –
Es stirbt im eignen Feuer,
 Wie's tötet, ist es tot!

Auflösung zu 8.

Diese Schlange, der an Schnelle keine gleicht,
Die aus der Höhe schießt, die stärksten Eichen
Wie dünnes Rohr zerbricht, durch Schloß und Riegel dringt,
Vor der kein Harnisch kann beschützen,
Die sich in eignem Feuer selbst verzehrt,
– Es ist der *Blitz,* der aus der Wolke fährt.

9.

Wir stammen, unsrer sechs Geschwister,
 Von einem wundersamen Paar,
Die Mutter ewig ernst und düster,
 Der Vater fröhlich immerdar.

Von beiden erbten wir die Tugend,
 Von *ihr* die Milde, von *ihm* den Glanz;
So drehn wir uns in ewger Jugend
 Um dich herum im Zirkeltanz.

Gern meiden wir die schwarzen Höhlen
 Und lieben uns den heitern Tag,
Wir sind es, die die Welt beseelen
 Mit unsers Lebens Zauberschlag.

Wir sind des Frühlings lustge Boten
 Und führen seinen muntern Reihn,

Drum fliehen wir das Haus der Toten,
Denn um uns her muß Leben sein.

Uns mag kein Glücklicher entbehren,
Wir sind dabei, wo man sich freut,
Und läßt der Kaiser sich verehren,
Wir leihen ihm die Herrlichkeit.

Auflösung zu 9.

Die sechs Geschwister, die freundlichen Wesen,
Die mit des Vaters feuriger Gewalt
Der Mutter sanften Sinn vermählen,
Die alle Welt mit Lust beseelen,
Die gern der Freude dienen und der Pracht
Und sich nicht zeigen in dem Haus der Klagen –
Die Farben sinds, des Lichtes Kinder und der Nacht.

10.

Wie heißt das Ding, das wenige schätzen,
Doch zierts des größten Kaisers Hand,
Es ist gemacht, um zu verletzen,
Am nächsten ists dem Schwert verwandt.
Kein Blut vergießts und macht doch tausend Wunden
Niemand beraubts und macht doch reich,
Es hat den Erdkreis überwunden,
Es macht das Leben sanft und gleich.
Die größten Reiche hats gegründet,
Die ältsten Städte hats erbaut,
Doch niemals hat es Krieg entzündet,
Und Heil dem Volk, das ihm vertraut!

Auflösung zu 10.

Dies Ding von Eisen, das nur wenge schätzen,
Das Chinas Kaiser selbst in seiner Hand
Zu Ehren bringt am ersten Tag des Jahrs,
Dies Werkzeug, das unschuldger als das Schwert
Dem frommen Fleiß den Erdkreis unterworfen –
Wer träte aus den öden, wüsten Steppen
Der Tartarei, wo nur der Jäger schwärmt,
Der Hirte weidet, in *dies* blühende Land
Und sähe rings die Saatgefilde grünen
Und hundert volkbelebte Städte steigen,
Von friedlichen Gesetzen still beglückt,
Und ehrte nicht das köstliche Geräte,
Das allen diesen Segen schuf – den *Pflug?*

11.

Ich wohne in einem steinernen Haus,
Da liege ich verborgen und schlafe,
Doch ich trete hervor, ich eile heraus,
Gefodert mit eiserner Waffe.
Erst bin ich unscheinbar und schwach und klein,
Mich kann dein Atem bezwingen,
Ein Regentropfen schon saugt mich ein,
Doch mir wachsen im Siege die Schwingen,
Wenn die mächtige Schwester sich zu mir gesellt,
Erwachs ich zum furchtbarn Gebieter der Welt.

12.

Ich drehe mich auf einer Scheibe,
    Ich wandle ohne Rast und Ruh,
Klein ist das Feld, das ich umschreibe,
    Du deckst es mit zwei Händen zu.
Doch brauch ich viele tausend Meilen,
    Bis ich das kleine Feld durchzogen,

Flieg ich gleich fort mit Sturmes Eilen
  Und schneller als der Pfeil vom Bogen.

Auflösung zu 12.

Was schneller läuft als wie der Pfeil vom Bogen
Und, dreht sichs auch auf kleiner Scheibe nur,
Doch viele tausend Meilen hat durchflogen,
Eh es den kleinen Raum durchzogen –
Der *Schatten* ist es an der Sonnenuhr.

13.

Ein *Vogel ist* es, und an Schnelle
  Buhlt es mit eines Adlers Flug,
Ein *Fisch* ists und zerteilt die Welle,
  Die noch kein größres Untier trug,
Ein *Elefant* ists, welcher Türme
  Auf seinem schweren Rücken trägt,
Der *Spinnen* kriechendem Gewürme
  Gleicht es, wenn es die Füße regt,
Und hat es fest sich eingebissen
  Mit seinem spitzgen Eisenzahn,
So stehts gleichwie auf festen Füßen
  Und trotzt dem wütenden Orkan.

Demetrius

Durch fremde Waffen gründet sich kein Thron.
Noch keinem Volk, das sich zu wehren wußte,
drang man den Herrscher wider Willen auf.

Abschied vom Leser

Die Muse schweigt, mit jungfräulichen Wangen,
Erröten im verschämten Angesicht,
Tritt sie vor dich, ihr Urteil zu empfangen,
Sie achtet es, doch fürchtet sie es nicht.
Des Guten Beifall wünscht sie zu erlangen,
Den Wahrheit rührt, den Flimmer nicht besticht,
Nur wem ein Herz empfänglich für das Schöne
Im Busen schlägt, ist wert, daß er sie kröne.

Nicht länger wollen diese Lieder leben,
Als bis ihr Klang ein fühlend Herz erfreut,
Mit schönern Phantasien es umgeben,
Zu höheren Gefühlen es geweiht;
Zur fernen Nachwelt wollen sie nicht schweben,
Sie tönten, sie verhallen in der Zeit.
Des Augenblickes Lust hat sie geboren,
Sie fliehen fort im leichten Tanz der Horen.

Der Lenz erwacht, auf den erwärmten Triften
Schießt frohes Leben jugendlich hervor,
Die Staude würzt die Luft mit Nektardüften,
Den Himmel füllt ein muntrer Sängerchor,
Und jung und alt ergeht sich in den Lüften
Und freuet sich und schwelgt mit Aug und Ohr.
Der Lenz entflieht! Die Blume schießt in Samen,
Und keine bleibt von allen, welche kamen.

Nachbemerkung

Die Textfassungen der Gedichte folgen der Ausgabe *Friedrich Schiller, Sämtliche Werke, herausgegeben von Gerhard Fricke und Herbert G. Göpfert, 5 Bände, München: Carl Hanser Verlag, 3. Auflage 1962.* Gelegentlich wurde auf die Originalausgaben zurückgegriffen, auf die *Anthologie auf das Jahr 1782* sowie auf die Ausgabe letzter Hand *Friedrich Schiller, Gedichte. Erster Teil, 2. Auflage Leipzig 1804.* In den Fällen, da mehrere Fassungen eines Gedichtes überliefert sind, wurden die Erstfassungen bevorzugt, in denen die ursprünglichen Intentionen Schillers deutlicher als in den späteren, meist klassizistisch geglätteten Fassungen erkennbar sind.

Die Auszüge aus den Dramen sowie aus den Prosaschriften beruhen ebenfalls auf der Ausgabe von Fricke und Göpfert; gelegentlich auch hier auf den Originalausgaben, wie dem Abdruck im *Teutschen Merkur.*

Textgrundlage der Briefe ist die zweibändige Briefabteilung im Rahmen der Schiller-Ausgabe des Deutschen Klassiker Verlags (*Band I: Briefe 1772-1795, herausgegeben von Georg Kurscheidt sowie Band II: Briefe 1795-1805, herausgegeben von Norbert Oellers, beide Frankfurt am Main 2002*).

Die Texte wurden für die vorliegende Ausgabe behutsam orthographisch modernisiert; Lautstand, Groß- und Kleinschreibung, Getrennt- und Zusammenschreibung, Interpunktion einschließlich der Apostrophe blieben unangetastet.

Briefe erscheinen ohne Anrede und Schlußformel. Lediglich Binnenauslassungen wurden durch [...] kenntlich gemacht.

Dies gilt analog auch für die Auszüge aus Dramen und Prosaschriften. Bei diesen markiert eine Leerzeile einen neuen
Abschnitt.

Die Xenien sind bekanntlich ein Gemeinschaftswerk Go-
ethes und Schillers, der am 1. Februar an Wilhelm von Hum-
boldt schreibt: „Die Xenien, von denen ich Ihnen einmal
schrieb, haben sich nunmehr zu einem wirklich interessanten
Produkt, das in seiner Art einzig werden dürfte, erweitert.
Göthe und ich werden uns darin absichtlich so ineinander
verschränken, daß uns niemand ganz auseinander scheiden
und absondern soll. […] Bei aller ungeheueren Verschiedenheit zwischen G. und mir wird es selbst Ihnen öfters schwer
und manchmal gewiß unmöglich sein, unsern Anteil an dem
Werke zu sortieren. […] Es ist auch zwischen G. und mir
förmlich beschlossen, unsere Eigentumsrechte an den einzelnen Epigrammen niemals auseinander zu setzen, sondern es in
Ewigkeit auf sich beruhen zu lassen […]" So wurde auch für
diese Ausgabe auf die Unterscheidung zwischen den Urhebern
verzichtet.

H.-J.S.